Roswitha Defersdorf

Ach, so geht das!

Wie Eltern Lernstörungen begegnen können

Herder

Freiburg · Basel · Wien

Originalausgabe

Alle Rechte vorbehalten – Printed in Germany
© Verlag Herder Freiburg im Breisgau 1993
Herstellung: Freiburger Graphische Betriebe 1993
Umschlaggestaltung: Joseph Pölzelbauer
Umschlagbild: © Hartmut Schmidt
ISBN 3-451-04243-6

Inhalt

Vorwort

von Susanna Moormann

„Ach so geht das", werden auch Sie hoffentlich sagen können, wenn Sie mit diesem bemerkenswerten Buch Bekanntschaft gemacht haben.

Roswitha Defersdorf ist vielen schon bekannt durch ihr erstes Buch: „Drück mich mal ganz fest" Geschichte und Entwicklung eines wahrnehmungsgestörten Kindes. Sie ist eine Mutter, die weiß, wovon sie spricht.

Sie weiß, was Lernstörungen aufgrund von Wahrnehmungsstörungen für das Kind selbst, aber auch für seine Umgebung und nicht zuletzt für sie als Mutter bedeuten. Sie hat durch ihren Sohn Belastungssituationen, Verzweiflung und Unverständnis erfahren.

Vor einigen Jahren erklärte ich meiner besorgten Freundin die engen Zusammenhänge, die zwischen den verschiedenen Schwierigkeiten bestehen, die ihr Sohn hatte. Er fiel viereinhalbjährig durch seine sprachliche Verzögerung, seine ungeschickten ängstlichen Bewegungen und sein Verhalten auf.

Anfangs war Roswitha Defersdorf erschüttert über die Komplexität der Probleme. Aber dadurch, daß sie endlich zugrunde liegende Zusammenhänge verstehen konnte, sah sie Möglichkeiten, etwas zu tun. Das allein erleichterte schon.

Als Sonderschullehrerin für sprachbehinderte Kinder konnte ich ihr aufgrund meiner Tätigkeit und durch meine eigenen Weiterbildungen neue ganzheitliche Wege der Förderung zeigen.

Die Begleitung und therapeutische Unterstützung des Jungen wirkte erstaunlich. Ich konnte erleben, wie bei ihm Fähigkeiten sichtbar wurden, die bis dahin aufgrund seiner Entwicklungsprobleme verdeckt waren.

Auch die Mutter entwickelte neue Fähigkeiten. Sie informierte sich umfassend, wurde aktiver und kreativer, und der Erfolg ermutigte sie, immer mehr Aspekte aus der Theorie der Wahrnehmungsförderung in den Alltag mit ihrem Kind zu integrieren.

Dieses zweite Buch, das auf den vielen Erfahrungen der Autorin beruht, ist eine reiche Quelle alltagstauglicher und ohne nennenswerte finanzielle Aufwendungen realisierbarer Anregungen für Ratsuchende.

Darüber hinaus werden die Zusammenhänge zwischen Wahrnehmungsstörungen und Lernstörungen immer wieder an praktischen Beispielen erklärt, und es wird gezeigt, was aus ganzheitlicher Sicht für diese Kinder getan werden kann.

Das ist um so wertvoller, weil Menschen, die mit lerngestörten Kindern leben und arbeiten, häufig nicht weiterwissen. Sie spüren zwar: irgend etwas macht diesen Kindern das Leben und Lernen schwerer als anderen. Aber die Symptome sind oft so diffus, daß sie wie ein Schatten wohl sichtbar, jedoch nicht greifbar wirken. Roswitha Defersdorf zeigt, wie man sie erkennen und angehen kann.

Dem Motto dieses Buches folgend, möchte ich deshalb sagen: Haben Sie Mut und Zuversicht! Es macht Sinn, nach Wegen zu suchen wie Roswitha Defersdorf sie beschreibt!

Einleitung

Dieses Buch habe ich geschrieben für Eltern von Kindern, die mit Lernproblemen kämpfen oder bei denen auf Grund ihrer vorschulischen Entwicklung mit möglichen Lernproblemen zu rechnen ist. Eltern sind oft ratlos und sehen keine anderen Möglichkeiten, als mit ihrem Kind viel zu üben und ihm Druck zu geben, daß es mitmacht. Doch hilft dieses Vorgehen nicht, wenn Lernprobleme verursacht sind durch eine gestörte Aufnahme, Verarbeitung und/oder Weiterleitung der vom Gehirn empfangenen Reize, wenn also der Wahrnehmungsprozeß beeinträchtigt ist. Und dies ist sehr häufig der Fall und keine Frage der Intelligenz.

So kann man auch niemandem die Schuld geben an den Lernproblemen eines Kindes, weder den Eltern, noch den Erziehern noch den Lehrern, auch nicht den äußeren Umständen. Sicherlich verstärken ungünstige Lebensbedingungen, Streß und Unverständnis Wahrnehmungsstörungen, aber sie verursachen sie nicht. Es ist gut, wenn sie bereits beim ersten erkennbaren Auftreten behandelt werden oder man ihnen auch vorbeugend begegnet. Doch kann nur derjenige bewußt Lernproblemen vorbeugen, der über das entsprechende Wissen verfügt. Wer aus Unwissenheit nicht handelt, kann auch nicht schuldig sein. Die Frage nach dem Schuldigen hilft nicht aus der Misere, sondern schafft harte Fronten und erschwert positive Lösungsansätze.

Ich erfahre immer wieder, daß Eltern nicht wissen, an wen sie sich wenden können und welche therapeutischen Möglichkeiten es überhaupt gibt. Sie sind auch begierig, zu erfahren, wie sie ihr Kind im Rahmen der Familie fördern können, ohne es zu überfordern.

Nach einigem Suchen und etwas Glück werden sie auf die richtigen Fachleute aufmerksam gemacht werden, die ihnen und ihrem Kind weiterhelfen können. Zu diesen Fachleuten zählen Ärzte, die sich auf Lernstörungen spezialisiert haben, Ergotherapeuten, Motopäden sowie Lehrer, die sich intensiv mit der Thematik befassen, Kinesiologen, die mit lernauffälligen Kindern Erfahrung haben sowie einschlägige Elternvereinigungen und betroffene, engagierte Eltern.

Es wäre schön, wenn alle Eltern für sich und ihr Kind Hilfe von einem Ergotherapeuten und Motopäden erhalten könnten. Sie sind der ideale Ansprechpartner für Eltern von Kindern mit bestehenden oder drohenden Lernproblemen. Doch gibt es viel zu wenige ergotherapeutische und mototherapeutische Praxen, um den Bedarf decken zu können. Insbesondere auf dem Land sind die Eltern oft allein gelassen. Und in den Städten, wo es zumindest Therapeuten gibt, müssen die Eltern lange Wartezeiten hinnehmen.

So sind viele Eltern auf Eigeninitiative angewiesen. Doch ist es für sie sehr mühsam und zeitaufwendig, das notwendige Wissen aus verschiedenen Büchern und Gesprächen zusammenzutragen und anschließen einen Weg zu finden, dieses Wissen so umzusetzen, daß ihr Kind mit Spaß dabei sein kann. Viele scheitern trotz besten Willens am Informationsmangel.

So habe ich mich entschlossen, die für Eltern von Kindern mit Lernproblemen aus meiner Sicht wichtigsten Informationen zum Thema Lernprobleme sowie praktische Anregungen für die Förderung im Alltag weiterzugeben. Aus dem Spektrum, das ich darlege, können Eltern sich dann Anregungen auswählen, die sie in ihrer familiären Situation und an ihrem Wohnort umsetzen können, und die auch den Lernbedürfnissen ihres Kindes entsprechen. Ich gehe davon aus, daß Eltern nicht meinen, alle Anregungen aufgreifen zu müssen. Doch brauchen sie einen Überblick über die vielen Möglichkeiten, um für ihr Kind und ihre Situation die richtige Wahl treffen zu können.

Ich schreibe als eine betroffene Mutter, die auf Grund ihrer eigenen Geschichte zur Fachfrau geworden ist. Aus meiner persönlichen Betroffenheit heraus weiß ich um die alltäglichen Probleme und die Schwierigkeiten, die richtige Hilfe zu erhalten. Mein Fachwissen habe ich mir bei einschlägigen Seminaren sowie durch die Lektüre von Fachbüchern angeeignet und in Diskussionen mit Fachleuten unterschiedlicher Berufssparten vertieft. Meine Erfahrungen und mein Wissen hinsichtlich der Behandlung und Vorbeugung von Lernstörungen ist sicher anders als das von Fachleuten. Die Sichtweisen von Fachleuten und betroffenen Eltern ergänzen sich.

Als betroffene Mutter habe ich mich mit den unterschiedlichsten Aspekten einer möglichst umfassenden Förderung auseinandergesetzt und vieles über verschiedene therapeutischen Ansätze gelernt. Fachleute hingegen spezialisieren sich eher auf ein Gebiet, als daß sie sich überall ein wenig einarbeiten. Dabei gehe ich nicht davon aus, daß ich Fachfrau für alle diese Bereiche geworden bin. Ich habe jedoch als Mutter eine andere Zusammenschau als viele Fachleute, weil ich im Zusammenhang mit meinen Kindern tatsächlich mit all diesen Bereichen in Berührung kam und mich mit ihnen auseinandersetzte.

Mein Ziel ist es, mit diesem Buch anderen Eltern eine praktische Hilfe zum Verständnis, zur Vorbeugung und zur Behandlung von Lernproblemen anzubieten. Es war nicht meine Absicht, ein wissenschaftliches Werk zu verfassen. Dennoch habe ich mich um fachliche Richtigkeit bemüht.

Mein Dank gilt den Angehörigen der verschiedenen Berufsgruppen, die im Text genannt sind. Sie nahmen sich die Zeit, mein Manuskript oder Auszüge daraus durchzulesen. Sie halfen mir, fachliche Ungenauigkeiten und auch Fehler zu vermeiden und mich in der Darstellung meiner Gedanken besser auf meine Leser einzustellen. Bei diesen Gesprächen habe ich viel gelernt. Besonders wertvoll war mir die Unterstützung von einer Motopädin und zwei Ergotherapeuten, von zwei Kinderärztinnen, einer Lehrerin, einer Sonderpädagogin, zwei Kindergärtnerinnen, einer Reitpädagogin, einer Homöopathin und zwei Müttern. Ich danke auch Frau Dr. Prekop für ihre Hinweise bezüglich des Kapitels über das Festhalten, Herrn Möllers (Borken) für die Richtigstellung einiger Ungenauigkeiten bei der Beschreibung des Modells Borken sowie dem Verband der Ergotherapeuten, dem Verband der Motopäden und dem Institut für Angewandte Kinesiologie für ihre wohlwollende Unterstützung. Ein herzlicher Dank an sie alle.   *Roswitha Defersdorf, im Mai 1993*

Stefan und Bernd, zwei Kinder mit Lernproblemen

Viele Eltern kennen Kinder, die in der Schule irgendwo ihre Schwierigkeiten haben. Es sind zumeist sehr nette, normale Kinder. Mit großer Freude und Neugierde waren sie an ihrem ersten Schultag stolz mit ihrer Schultüte in die Schule gegangen. Doch hat diese Offenheit und die grenzenlose Bereitschaft mitzumachen und zu lernen schon oft nach wenigen Wochen gelitten.

So erging es auch Stefan. Er stellte bald fest, daß er nicht alles so schnell und so ordentlich machen konnte, wie es die Lehrerin und vielleicht auch die Eltern von ihm erwarteten. Er hatte schon beim Schreibenlernen Schwierigkeiten gehabt, die Schwungübungen flüssig auszuführen, in der Zeile zu bleiben und seine Bewegungen abzustoppen. Es gelang ihm auch nur mit Mühe, die Buchstaben und Zahlen korrekt abzuschreiben und dabei den Stift richtig zu halten, vor allem wenn gleichzeitig jemand neben ihm sprach. Er machte auch mehr Rechtschreibfehler als andere in der Klasse, manchmal lachte sein Banknachbar ihn deswegen aus. Beim Kopfrechnen war er jedoch Klassenbester.

Sein Klassenkamerad Bernd beneidet ihn dafür. Denn er versteht die Rechenaufgaben nicht, obwohl die Lehrerin sich öfters Zeit für ihn nimmt. Ihre Erklärungen verwirren ihn nur noch mehr. Sie kann das nicht verstehen, denn sie hält ihn für einen intelligenten Jungen. Beim Schreiben und Lesen entspricht er den Anforderungen der Klasse, und in Heimat- und Sachkunde fällt er ihr durch seine interessierten Fragen und sachkundigen Beiträge sehr positiv auf. Bernd hat eine wunderschöne Stimme.

Kindern, die an Stefan oder Bernd erinnern, werden die Hausaufgaben leicht zur Plage. Das trifft zwar nicht für alle zu, doch für einen großen Teil von ihnen. An manchen Tagen brauchen sie Stunden dafür und müssen um jeden Buchstaben ringen, an anderen geht es wieder besser. In der Schule und zu Hause werden sie wiederholt aufgefordert, sich mehr anzustrengen und besser aufzupassen. Die Lehrerin klagt bei den Eltern darüber, daß ihr Kind unruhig ist, mit den Beinen herumzappelt und zum Fenster hinausschaut, anstatt ihr aufmerksam zuzuhören und so zu lernen, wie es von ihm erwartet wird. Mit Sicherheit haben diese Kinder binnen Kürze etwas gelernt, was niemand ihnen vermitteln wollte: Ich schaffe es nicht, ich mache alles falsch. Wenn sie obendrein im Sport ungeschickt sind, wird die Schule für sie bald zum Ort fortwährender Enttäuschungen.

Wie kann ein Kind, das tagaus, tagein keine nennenswerten Erfolgserlebnisse vermittelt bekommt, diese unerträgliche Situation ertragen? Manche Kinder werden still und wollen bloß keinen Fehler machen, vielleicht weinen sie auch, sind traurig und werden zu Einzelgängern. Sie resignieren vor den täglichen Überforderungen, denen sie ausgesetzt sind. Andere Kinder überspielen die Probleme durch Klassenkasperei und holen sich so die Aufmerksamkeit. Wieder andere machen ihrem Unglück und ihrem Zorn Luft durch Wutausbrüche, die eigentlich Verzweiflungsausbrüche sind, und durch aggressives Verhalten. Solche Verhaltensweisen sind Alarmsignale und Hilferufe. Daher kommen weder Eltern noch Lehrer auf Dauer mit Strafen, Schimpfen, Bloßstellen vor den anderen Klassenkameraden, häufigem Ermahnen, Pausenverbot und ähnlichen Maßnahmen weiter. Im Gegenteil: damit zerstören sie die Lernfreude gänzlich.

Die Lehrer raten den Eltern, doch mit dem Kind mehr zu üben und in der Erziehung mehr Strenge und Konsequenz walten zu lassen. Manche Lehrer glauben, daß die Eltern es zum Mitmachen zwingen können, wenn sie gelegentlich auch zu Strafen greifen. Auch sollen sie mit dem Kind zu Hause zusätzlich zu den Hausaufgaben rechnen, lesen und schreiben üben. Vielleicht darf das Kind dann nicht mit seinen Freunden Ball spielen, bevor es all dies erledigt hat. Doch darunter leidet das Verhältnis zwischen den Eltern und dem Kind, und auch die Beziehung zwischen den Eltern gerät oftmals unter Druck. Ebenso werden die Sozialkontakte zu den Gleichaltrigen erschwert.

Eltern und Lehrer sind oft ratlos, weil die Kinder zu Hause oftmals eine Nachschrift fast fehlerlos schreiben und nur in der Schule versagen. Wer ist nun Schuld an den Problemen des Kindes? Die Lehrerin, die Mutter, das Kind oder alle zusammen? Für alle Beteiligten ist eine solche Situation schlimm. Am meisten aber leidet das Kind. Es zweifelt an sich und seinen Fähigkeiten und verliert zusehends sein Selbstbewußtsein. Es empfindet sich als Versager. So ist es verständlich, wenn es psychosomatische Beschwerden wie Bauchweh und Kopfschmerzen entwickelt und morgens vor der Schule über Übelkeit klagt. Wenn ein Kind wiederholt über solche Beschwerden klagt, dann wird es einen Grund dafür haben. Vielleicht hat es Angst vor der großen Pause oder einer bestimmten Stunde. Negative Erfahrungen können die spätere Einstellung zum Lernen und zum Leben nachhaltig prägen.

Immer mehr Kinder haben in der Schule Schwierigkeiten. Sie sind intelligent, haben aber in manchen Bereichen deutliche Schwächen, sogenannte Teilleistungsstörungen. So werden Störungen bezeichnet, die nur einen einzelnen Schritt einer Gesamtleistung betreffen. Es gelingt aber die Durchführung der gesamten Aufgabe nicht oder nur mangelhaft, wenn die Teilleistung nicht erbracht werden kann. Lernen ist ein sehr komplexer Vorgang. An unzähligen Stellen im Gehirn kann es zu einer Störung kommen. Daher sehen Lernstörungen bei jedem Kind anders aus. Stefan und Bernd sind zwei Beispiele für Teilleistungsstörungen, die in unserem Schulsystem besonders nachteilig sind. Auch ich habe Teilleistungsstörungen. Doch hatte ich mehr Glück als Bernd und Stefan, denn meine Teilleistungsstörungen sind anders gelagert und auch weniger schwerwiegend. Daher haben sie mich in meiner Schullaufbahn nicht übermäßig gestört. Sie beschränken sich auf meine Unfähigkeit, mir neue Melodien und Gedichte zu merken sowie auf räumliche Orientierungsschwierigkeiten. Daher verlaufe ich mich leicht und finde mich nur mit Mühe auf einem Stadtplan zurecht. In der Schule haben mir meine Teilleistungsstörungen nur beim perspektivischem Zeichnen und bei der Geometrie zu schaffen gemacht und gelegentlich in Musik und Deutsch. Teilleistungsstörungen müssen also keine großen Schulprobleme nach sich ziehen, doch sie führen immer zu mehr oder weniger großen Beeinträchtigungen.

Wie ist die Vorgeschichte von Stefan und Bernd?

Die Sichtweise der Eltern

Stefans Eltern berichten, daß ihr Sohn ein ganz normales Baby gewesen war, weder besonders ruhig noch auffallend unruhig. Er hatte lange Zeit alles interessiert von der Babywippe oder vom Boden aus beobachtet. Mit etwa einem Jahr hatte er sich auf einmal zum Stehen aufgerichtet und war gleich danach gelaufen. Die Krabbelphase hatte er also weitgehend übersprungen. Von da an war er sehr lebhaft, hatte häufig blaue Flecken und aufgeschlagene Knie, wie das bei Buben angeblich häufig vorkommt. Er war immer bewegungshungrig und kletterte auf jeden Baum. Zu Hause mußten die Eltern ihn immer bremsen, wenn er auf den Betten oder dem Sofa herumspringen wollte. Er hat lang gebraucht, um zu lernen, auf dem Fahrrad zu fahren. Insgesamt fanden sie Stefans motorische Entwicklung aber nicht ungewöhnlich.

Stefans Sprache hatte sich aus der Sicht der Eltern ziemlich normal entwickelt. Das „sch" konnte er aber lange nicht richtig aussprechen, weswegen er mit fünf Jahren eine logopädische Behandlung bekam. Als er in die Schule kam, war seine Sprache einwandfrei, erinnert sich die Mutter.

Beim Spielen mit anderen machte er oft mit, manchmal auch nicht. Zum Beispiel wenn die Gruppe ihm zu groß wurde oder auch bei bestimmten Spielen. Er hatte deutliche Vorlieben und Abneigungen. Gesellschaftsspiele mit Stefan waren immer eine Geduldsprobe, weil er nie verlieren und auch nicht warten konnte. Er schaffte es meistens, Situationen auszuweichen, die ihm unangenehm waren. So war es auch mit dem Malen und Basteln. Er konnte diesen Beschäftigungen keine Freude abgewinnen. Ballfangspiele mochte er auch nicht, er kickte lieber mit dem Fuß.

Stefan litt gelegentlich unter Hautreizungen. Sie waren allergisch bedingt. Sie traten besonders dann auf, wenn er angespannt war und ihm alles zuviel wurde.

Auch Bernd hatte aus der Sicht der Eltern eine normale Entwicklung. Er war aber im Gegensatz zu Stefan gekrabbelt. Er war lebhaft und bewegte sich gern. Zusammen mit der Mutter hatte er beim Mutter-Kind-Turnen mitgemacht, zu dem Turnen für die etwas größeren Kinder wollte er dann nicht mehr gehen. Er fuhr lieber mit dem Fahrrad herum oder malte mit der Straßenkreide auf den Bürgersteig. In fremden Häusern verlief er sich leicht und mußte verschiedene Türen öffnen, um beispielsweise die Badezimmertür wiederzufinden.

Er hat immer gern Tasten vom Klavier angeschlagen und dem Klang nachgehört. Er erfand gerne Lieder. Texte und Melodien von bekannten Liedern konnte er sich aber nur bruchstückhaft merken. Bernd war immer ein zärtliches, schmusiges Kind gewesen, mit Vorlieben und Abneigungen. Er mochte gerne Seide und Nikistoffe, Wolle kratzte ihn aber auf der Haut. Übrigens schaukelte er nicht gerne, und auch der Wippe brachte er kein Interesse entgegen.

Seine größte Liebe galt dem Haushalt und dem Garten. Am liebsten hätte er den ganzen Tag geholfen. Er stellte sich dabei auch recht geschickt an. Seine Eltern lehnten seine Hilfe trotzdem häufig ab, weil sie ihre Arbeit alleine schneller erledigen konnten und es als lästig empfanden, immer wieder auf ihn einzugehen und ihn anzuleiten. Sie schickten ihn dann weg zum Spielen. Er ging dann und beschäftigte sich mit diesem oder jenem Spielzeug, verlor aber schnell die Ausdauer und wollte lieber wieder helfen oder zumindest bei den Eltern sein und in ihrer Nähe malen. Meistens malte er mit Freude und Phantasie, andere Male entstand nur ein fahriges Gekritzel.

Wenn andere Kinder da waren, konnte er ihnen zuschauen oder mitmachen. Das gefiel ihm gut. Für Bernd war es wichtig, daß er einen Plan hatte, sonst wußte er nichts mit sich anzufangen. Das störte die Eltern, und sie wiesen ihn deswegen oft zurecht. Sie hielten das für eine dumme Unart. Sie dachten, er suchte ihre Aufmerksamkeit. Das wunderte sie nicht, denn Bernd hatte vor kurzem ein Geschwisterchen bekommen.

Die sprachliche Entwicklung verlief aus der Sicht der Eltern hinreichend normal. Bernd sprach zwar länger als die meisten Kinder bestimmte Lautkombinationen falsch aus. Er sagte dann für „kommt" „dommt" und machte auch andere Stammelfehler. Das hat sich aber ganz plötzlich und ohne logopädische Behandlung von allein gegeben. Alles in allem erschien den Eltern die Entwicklung Bernds normal, auch wenn sie manche Dinge an ihm störten.

Die Sichtweise des Kindergartens

Stefan besuchte drei Jahre lang den Kindergarten. Er ging recht gerne dorthin. Am schönsten waren für ihn die Tage, an denen er draußen im Garten spielen durfte oder wenn Turnen war. Das liebte er. Regenwetter bedeutete oft Bastelwetter. Da versuchte er auszuweichen. Zwar malte und bastelte er gelegentlich, aber es machte ihm keinen besonderen Spaß. Auch haßte er den Kleber an seinen Fingern. Er baute lieber Straßen und Dörfer, in denen er seine Autos fahren lassen konnte. Beim Stuhlkreis wollten seine Beine nie so recht stillhalten, er wickelte sie dann um die Stuhlbeine oder klappte einen Fuß unter seinen Po. So konnte er sich besser einfügen. Die Erzieherinnen kamen mit Stefan insgesamt gut zurecht. Sie befürworteten die logopädische Behandlung, da er mit fünf Jahren noch immer nicht „s" und „sch" unterscheiden konnte. Ansonsten war Stefan für sie ein ganz normal entwickeltes Kind.

Bei Bernd war den Erzieherinnen schon bald aufgefallen, daß er häufiger als andere Kinder gegen Tische und andere Möbelstücke stieß und dabei immer wieder offensichtlich aus Versehen Gegenstände umwarf. Daß er selber darüber erschrak, sahen sie an seiner Reaktion. Er fand auch nicht immer gleich den Haken für seine Kindergartentasche. Wenn die Kinder in den Garten gehen durften, brauchte er relativ lang, um seinen Anorak anzuziehen, den Reißverschluß zu schließen und die Schuhe zu wechseln. Das war auffallend. Daraufhin beobachteten die Erzieherinnen Bernd eine Weile. Er spielte gerne bei anderen Kindern mit und fand bald Anschluß. Gelegentlich gab es Ärger, wenn er etwas umwarf. Der ließ sich aber meistens schnell beheben. Im übrigen malte und bastelte Bernd mit Freude, war überhaupt interessiert dabei, wenn eine Beschäftigung angeboten wurde.

Die Erzieherinnen sprachen nach einer Weile des gründlichen Beobachtens die Mutter auf seine Auffälligkeiten an. Sie waren der Meinung, daß Bernd von einem Kinderarzt untersucht werden muß. Zuerst reagierte Bernds Mutter empört. Sie empfand die Sorge der Erzieherinnen als Angriff auf ihr Kind und wehrte ihn daher ab. Doch war den Erzieherinnen ihr Anliegen sehr wichtig, und sie baten um ein weiteres Gespräch, zu dem die Mutter auch kam. Sie zeigten Verständnis und Einfühlungsvermögen für die Gefühle der Mutter und unterstrichen, daß sie nur Bernds Wohl im Auge hatten. So meldete sich die Mutter beim Kinderarzt an, um ihm von den Gesprächen mit den Erzieherinnen zu berichten, seine Meinung zu hören und seinen Rat einzuholen.

Die Sichtweise des Kinderarztes

Stefans Mutter hat stets gewissenhaft die Termine für die Vorsorgeuntersuchungen eingehalten. Der Kinderarzt hatte sich an die vorgegebenen Untersuchungen gehalten und sie nach bestem Wissen und Gewissen durchgeführt. Dabei hatte er keine nennenswerten Auffälligkeiten in Stefans Entwicklung bemerkt. Da die Mutter auch keinen Anlaß zur Beunruhigung sah, den sie dem Arzt hätte nennen können, erhielt Stefan bei allen Vorsorgeuntersuchungen ein Kreuzchen in dem Feld „unauffällig".

Der Arzt regte wegen des falsch ausgesprochenen „sch" eine logopädische Behandlung des Fünfjährigen an. Diese wurde dann erfolgreich durchgeführt. Da Stefan nicht gern bastelte und malte, aber ansonsten keinen Anlaß zu Besorgnis gab, riet der Arzt, es immer wieder einmal zu probieren, ihn zu solchen Beschäftigungen zu locken. Er regte insbesondere Töpfern an, weil es die Feinmotorik der Hände verbessert, die Koordination zwischen den Augen und den Händen und auch die Koordination der beiden Hände sowie die Raumerfassung und die Wahrnehmung über den Tastreiz fördert.

Er riet der Mutter auch, Stefan viel zu Hause helfen und mitarbeiten zu lassen. Diese Hinweise waren sehr wertvoll, und ich gehe davon aus, daß Stefans Mutter sie gebührend beachtete. Doch genügte dies allein nicht, um Stefans Störungen abzubauen.

Bernds Mutter hatte ebenfalls die Vorsorgeuntersuchungen termingerecht vornehmen lassen. Und auch Bernd war bei sämtlichen Vorsorgeuntersuchungen als unauffällig bezeichnet worden. Die Tatsache, daß Bernd sich in fremden Räumen schlecht zurecht fand, war ihr nie aufgefallen oder so wichtig erschienen, daß sie dies dem Kinderarzt gesagt hätte. Und er hat ihr nie diese Frage gestellt.

Nun kam sie zu ihm und berichtete von den Gesprächen mit den Erzieherinnen. Er führte daraufhin eine neurologische Untersuchung von zehn Minuten Dauer aus, erkannte nichts Auffälliges und tat die Sorgen der Mutter und die Bedenken der Erzieherinnen mit einem einzigen Satz ab: „Ich kann Sie beruhigen, denn ich kann keine Auffälligkeiten erkennen. Machen Sie sich keine unnötigen Sorgen. Auf Wiedersehen!"

Sicher hat er bei seinem Untersuchungsschema nichts Auffälliges gesehen. Aber er ist den Beobachtungen der Erzieherinnen nicht gewissenhaft nachgegangen und hat damit für das Kind eine wertvolle Chance verspielt. Und vielleicht nicht nur für dieses, sondern auch für andere Kinder mit Teilleistungsstörungen. Denn es ist für Erzieherinnen ohnehin schwer, Eltern dahin zu führen, bei ihren Kindern Störungen zu sehen und deswegen einen Arzt zu konsultieren.

Ich denke und hoffe, daß die meisten Kinderärzte den Beobachtungen einer Erzieherin mehr Bedeutung beimessen. Das gleiche gilt natürlich auch für die Beobachtungen von Müttern. Sicherlich werden in den meisten Fällen Mütter und Erzieherinnen keine eindeutigen Untersuchungsergebnisse vorweisen können, sondern sich auf ihren Instinkt und den Eindruck berufen, den sie durch den Vergleich zu normal entwickelten Kindern haben. Zudem verfügen Erzieher über sehr gute fachliche Qualifikationen. Sie sehen durchaus Abweichungen von der normalen Entwicklung, wenn sie auch ein umfassendes Wissen über Teilleistungsstörungen durch die Ausbildung nicht vermittelt bekommen.

Bei Stefan und bei Bernd wurden viele kleine Hinweise in ihrem Verhalten und in ihrer Entwicklung, die auf eine mögliche Störung schließen lassen, von den Eltern und Erzieherinnen trotz sorgfältiger Erziehung aus Unwissenheit nicht als wichtig erkannt. Kinder, die konsequent nicht gerne basteln und handwerklich ungeschickt sind, werden in der Schule Schwierigkeiten mit dem Schreiben haben. Und Kinder, die in der räumlichen Wahrnehmung unsicher sind, werden dazu neigen, Buchstaben und Zahlen spiegelbildlich zu schreiben und auch bezüglich der Reihenfolge der Buchstaben in einem Wort unsicher zu sein.

So fallen die ersten Anzeichen für spätere Schwierigkeiten beim Rechnen, Lesen und Schreiben durch Ungeschicklichkeiten und Vermeidungsverhalten bereits beim Vorschulkind auf. Schwierigkeiten beim Schreiben, Lese-Rechtschreibschwäche und Rechenschwierigkeiten bauen sich in den ersten Lebensjahren allmählich auf und künden sich durch scheinbare Kleinigkeiten an.

Es handelt sich um Beobachtungen, die in der Arztpraxis nicht möglich sind und daher dem Arzt nur über die Bezugspersonen des Kindes vermittelt werden können. Daher ist es unerläßlich, daß ein Arzt die Beobachtungen aus dem alltäglichen Umfeld im Interesse des Kindes als gleichwertig neben seiner medizinischen Untersuchung sieht und im Zweifelsfall eine gründliche Diagnostik durch einen Ergotherapeuten oder Motopäden anordnet. Nur so können frühzeitig Teilleistungsstörungen erkannt und anschließend behandelt werden, ehe es zu Lernstörungen in der Schule kommt. Wenn Sie mehr darüber wissen wollen, wie in den ersten Lebensjahren bis zur Schule frühe Anzeichen für eine Teilleistungsstörung aussehen können, dann empfehle ich Ihnen zwei Bücher, die sich ergänzen: „Was ist los mit meinem Kind?" (S.Pauli) und „Drück mich mal ganz fest. Geschichte und Therapie eines wahrnehmungsgestörten Kindes" (R.Defersdorf).

Als Stefan und Bernd eingeschult wurden, gab es noch nicht die Vorsorgeuntersuchung U9, die im Alter von fünf Jahren durchgeführt wird. Bei ihr wären sie wohl beide mit ihren Schwächen aufgefallen und dann entsprechend gefördert worden. Im Verlauf der Untersuchung soll das Kind ein X malen. Das X steht für die Fähigkeit, die Mittellinie des Körpers zu kreuzen. Diese ist Voraussetzung dafür, daß ein Kind lesen, schreiben und rechnen lernen kann. Wenn ein Arzt dies weiß und richtig deutet, kann er entsprechende Vorschläge machen.

Bei ihrer Einschulung wurden Bernd und Stefan der üblichen Einschulungsuntersuchung unterzogen, die über die Schulreife entscheidet. Doch dauert eine solche Untersuchung nur 10 bis 15 Minuten und überprüft auch nicht Leistungen, die Voraussetzung für ein erfolgreiches Lernen in der Schule sind. Nur eine sehr erfahrene Testperson kann mittels des herkömmlichen Schulreifetests und wirklich ganz genauen Fragen an die Eltern Teilleistungsstörungen erkennen.

Mit Sicherheit hat nur ein Teil der Kinder, die Lernprobleme haben, ein so ausgeprägtes Störungsbild wie Bernd und Stefan. Doch kann der Statistik zufolge in Deutschland ungefähr jedes dritte Kind den ihm angebotenen Lernstoff nicht mehr mit der vom Lehrer gewünschten Aufmerksamkeit und vor allem Geschwindigkeit aufnehmen und behalten. Auch sind Jungen doppelt so oft betroffen wie Mädchen (vgl. Theorie und Methode zur Behandlung von perzeptionsgestörten Kindern, D. Miske-Flemming).

Klären Sie die Ursachen, ehe Sie zu helfen versuchen

Lernstörungen in der Schule können vielfältige Ursachen haben. Sie können bedingt sein durch Probleme der Augen oder der Ohren. Hier kann eine Brille oder ein Hörgerät Abhilfe schaffen. Daher ist es sinnvoll, bei einem Kind mit Schulproblemen diese organischen Ursachen abzuklären. Diese Untersuchungen führt der Kinderarzt durch, oder er überweist das Kind an einen Augen- oder Hals-Nasen-Ohren-Arzt.

Wenn der Arzt eine Fehlsichtigkeit oder Hörschwäche als Ursache für die Lernprobleme ausschließen konnte, wird er an eine zentrale Störung denken. Zentrale Störungen rühren nicht von einer Schädigung der einzelnen Sinnesorganen her, sondern sind mit einem Fehler in der Gehirnleistung zu erklären. Zu ihnen kann es bei der Aufnahme, der Verarbeitung oder der Weiterleitung der aufgenommenen Sinnesreize an den unterschiedlichsten Stellen im Gehirn kommen. Kinder mit einer zentralen Störung sind genauso intelligent wie andere Kinder auch, nur können sie ihre Intelligenz oft erst in vollem Umfang einsetzen, wenn sie dank einer gezielten Hilfe die Störung in ihrem Gehirn in den Griff bekommen haben oder sie sogar beheben konnten.

Ich will Ihnen an zwei Situationen zeigen, wie sich zentrale Störungen im Schulalltag auswirken können. Schauen wir uns die erste Situation an: Heike kann dem Unterricht nur dann aufmerksam folgen, wenn sie rechts oder in der Mitte des Raumes sitzt. Sitzt sie aber auf der linken Seite des Raumes, ermüdet sie schneller. Sie wird wahrscheinlich instinktiv die für sie geeignete richtige Seite in einem Raum aussuchen, wenn sie frei wählen kann und nicht vom Lehrer umgesetzt wird.

Und dann die andere Situation: Harald kann nur hohe Töne gut hören, nicht aber tiefe. Eine Kinderärztin wird im Gegensatz zu einem männlichen Kollegen mit ihrer von Natur aus höheren Stimme dieses Problem nicht erkennen. Doch ist vielleicht gerade diese Schwäche die Ursache für die Schulprobleme gerade bei dem neuen Lehrer, der die Lehrerin der vorausgegangenen Jahrgangsstufe abgelöst hat.

Bei jedem Kind mit einer zentralen Störung werden die Schwierigkeit anders liegen, da der Wahrnehmungsprozeß komplex ist und an den unterschiedlichsten Stellen gestört sein kann.

Es gibt Fachärzte, die auf solche zentrale Störungen achten. Bei visuellen Wahrnehmungsstörungen, also Störungen, die das Sehen betreffen, aber nicht organisch bedingt sind, können Eltern sich an die Augenklinik oder einen Spezialisten für Kinderaugenheilkunde wenden. Bei zentralen Störungen des Hörens, bei den sogenannten auditiven Wahrnehmungsstörungen, ist eine HNO-Klinik oder eine pädaudiologische Beratungsstelle aufzusuchen, wo ein spezielles Kinderaudiogramm erstellt wird.

Falls dort keine gründliche neurologische Untersuchung durchgeführt werden kann, wird gegebenenfalls noch ein Kinderneurologe herangezogen, der unter anderem die Gehirnströme des Kindes mißt. Ein sehr hoher Prozentsatz der sogenannten Lernstörungen zeigt jedoch keine Auffälligkeiten im EEG. Wenn Eltern eines lerngestörten Kindes vom Neurologen erfahren, daß ihr Kind keine Auffälligkeiten im EEG hat, dann besagt es nur, daß keine messbaren Daten vorliegen.

Es wäre schön, wenn der Neurologe neben den Schwächen auch die Stärken eines lerngestörten Kindes abklären würde. Dann könnte er die Teilleistungsstörungen eingrenzen, die Eltern und über sie auch den Lehrer auf den Zusammenhang mit bestehenden und noch zu erwartenden Auswirkungen der festgestellten Teilleistungsstörungen hinweisen und ihnen realistische Erwartungen an das Kind ermöglichen. Dann könnten Eltern und Lehrer vorbeugend die richtigen Maßnahmen ergreifen, indem sie an den Stärken des Kindes ansetzen, und vermeidbare Probleme umgehen. Damit wird das Ergebnis einer eingehenden neurologischen Untersuchung zu einem wichtigen, konstruktiven Baustein für die heilpädagogische Behandlung eines Kindes mit Lernstörungen. Doch leider entspricht dieses Bild nicht der Realität. Für die Eingrenzung und die Lösung der konkreten Lernprobleme ihres Kindes wird eine neurologische Untersuchung den meisten Eltern nicht oder zumindest nicht viel weiterhelfen. Eine neuropsychologische Untersuchung hingegen wird der komplexen Problematik von Lernstörungen am besten gerecht.

Wenn die Lernprobleme durch zentrale Störungen verursacht sind, wird der Arzt die Eltern an eine psychologische Beratungsstelle für Eltern, Kinder und Jugendliche verweisen oder zu einer ergotherapeutischen oder mototherapeutischen Behandlung raten, um die Ursachen der Lernprobleme herauszufinden und möglichst zu beheben. Es kann sein, daß ein Kind sich aus der Sicht der Eltern normal entwickelt hat und auf einmal in der Schule Probleme mit dem Rechnen, Lesen und/oder Schreiben bekommt. Bei einer genauen Befragung stellt sich dann vielleicht heraus, daß das Kind kaum gekrabbelt ist und damit die Voraussetzung für die darauf aufbauenden Entwicklungsstufen fehlt oder nur mangelhaft vorhanden ist. Das Schreiben baut auf der Fähigkeit auf, die Mittellinie des Körpers zu kreuzen. Und genau die hat das Kind mit der zu kurzen Krabbelphase nicht ausreichend entwickelt. Diese Erkenntnis ist der Ansatzpunkt für die Therapie seiner Lernprobleme.

Eltern müssen verstehen, wie Lernen vor sich geht

Lernen ist ein ganzheitlicher Prozeß und findet nicht nur in der Schulbank und am Schreibtisch zu Hause statt. Das kleine Kind lernt zu laufen, zu sprechen und eine Banane zu schälen allein durch Beobachten und Ausprobieren, durch Mißerfolge und schließlich durch Erfolge. Es verwendet dazu alle seine Sinnesorgane: die Augen für das Sehen, die Ohren für das Hören, die Nase für das Riechen, die Zunge für das Schmecken und die Haut, um Oberflächenbeschaffenheit, Formen, Temperatur und auch Widerstand und Schmerz wahrzunehmen. Und schließlich setzt es den Körperstellungssinn ein. Dieser gibt ihm die Information über die Stellung und Bewegung seines Körpers, seiner Arme und Finger, wenn es seine Banane schält. Ein Kind betrachtet die Banane, betastet sie mit den Händen, dem Mund und streicht sich die glatte Frucht über die Haut. Dann reißt es sie auf und nimmt das Geräusch wahr, das dabei entsteht. Schließlich riecht es an ihr, beißt hinein und probiert den Geschmack. Ein Kind begreift alles, bis es gelernt hat, damit umzugehen.

Es lernt seinen Körper kennen und im Gleichgewicht zu halten, indem es sich rollt, hüpft und klettert und unter Stühlen durchkriecht. Es lernt, indem es sich bewegt, sich spürt und alle seine Sinne einsetzt. Dadurch spricht es seine beiden Gehirnhälften an. Dies muß sich solange wiederholen, bis die Information im Langzeitgedächtnis gespeichert und die Bewegung automatisiert ist.

So lernt auch das Schulkind am besten, wenn es möglichst verschiedene Sinne verwenden kann und beide Gehirnhälften mit ihren unterschiedlichen Funktionen einschließlich ihrer tiefer gelegenen Gehirnregionen angesprochen werden. In unserem Schulsystem wird das Lernen jedoch allzu leicht auf das Sehen, Hören und Schreiben eingeengt, was nicht kindgemäß ist. Der

Tastsinn und der Körperstellungssinn werden kaum angeregt. Doch brauchen gerade Kinder mit Teilleistungsstörungen Anregungen für die Gelenks-, Muskel-, Haut- und Gleichgewichtsrezeptoren. Rezeptoren sind Zellen, die bestimmte Reize empfangen wie warm/kalt, hart/weich, hell/dunkel, schief/gerade usw.

Es gibt unzählige Möglichkeiten für die Eltern und Lehrer, den Lernprozeß zu unterstützen, indem sie alle Sinne ansprechen.

Kinder und Erwachsene sind besonders aufnahmebereit, wenn sie sich wohl fühlen und dem Lernstoff Interesse und Neugierde entgegenbringen. Die Motivation und die Freude beim Lernen ist entscheidend, damit der Lernerfolg dauerhaft ist. Schon aus diesem Grund ist eine angenehme Atmosphäre wichtig, in der das Kind sich wohl fühlt.

Wenn ein Kind nicht gut lernen kann, so kann dies durch eine Störung in der Gehirnleistung bedingt sein. Dann kommt es an einer oder auch an mehreren Stellen zu einer Beeinträchtigung des komplexen Wahrnehmungsprozesses. Er stellt einen Kreislauf dar, der von der Reizaufnahme über die Weiterleitung des Reizes, seine Speicherung, die Koordination mit bereits gemachten Erfahrungen und die Beantwortung des Reizes sowie die Rückmeldung wieder zur nächsten Reizaufnahme führt. Wenn dieser Kreislauf irgendwo beeinträchtigt ist, kommt es zu einer gestörten Wahrnehmung. Sie kann jeden unserer Sinne betreffen. Auditive Wahrnehmungsstörungen beziehen sich auf das Hören und das Gleichgewichtsempfinden, visuelle auf das Sehen und taktile Wahrnehmungsstörungen auf das Spüren über die Haut. Daneben gibt es noch die olfaktorischen und die gustatorischen Wahrnehmungsstörungen, die sich auf den Geruch und den Geschmack beziehen. Häufig treten unterschiedliche Wahrnehmungsstörungen gleichzeitig auf. Aufgrund der Vielzahl der möglichen Kombinationen sehen die Störungsbilder von Kind zu Kind anders aus. Wahrnehmungsstörungen verursachen Teilleistungsstörungen, und diese wiederum sind oft der Grund für Lernprobleme in der Schule.

Ich möchte Ihnen anhand einer einfach erscheinenden, mündlich gestellten Aufgabe deutlich machen, wie anspruchsvoll sie ist und in wieviele Teilleistungen sie in Wirklichkeit aufzugliedern ist. Die Aufgabe lautet: Beantworte schriftlich die Frage „Was machst du, wenn du Hunger hast?" Um dieser Aufforderung nachkommen zu können, muß das Kind die Frage hören können, darf also nicht schwerhörig sein. Des weiteren muß es die Einzellaute richtig analysieren, die einzelnen Wörter erkennen und den Sinn der Frage verstehen. Dann muß es die Frage im Kurzzeitgedächtnis speichern und aus dem Langzeitgedächtnis zu der Frage passende Erfahrungen abrufen, um eine angemessene Reaktion zu bilden. Anschließend muß es diese als Antwort formulieren, wobei es auf die richtigen grammatikalischen Formen, auf die korrekte Wiedergabe der Buchstaben, auf die Rechtschreibung und die Einhaltung der Zeilen achten muß. Gleichzeitig muß das Kind auf dem Stuhl sitzen, seinen Oberkörper stabilisieren, die Kopfhaltung kontrollieren und dabei den Stift so führen, daß er ihm nicht aus der Hand fällt. Der Druck darf nicht so groß sein, daß er Löcher in das Papier reißt. Dann muß es seinen Arm mit der Hand der Zeile entlang nach außen bewegen, somit seinen Oberkörper minimal auf die entsprechende Seite verlagern und gleichzeitig die Buchstaben in der richtigen Reihenfolge zu Papier bringen. Dies alles setzt ein reibungsloses Zusammenspiel der verschiedenen Körperfunktionen voraus. Wenn auch nur eine Teilleistung nicht erbracht werden kann, gelingt die Durchführung der gesamten Aufgabe nicht oder nicht altersgemäß.

Die Natur hat durch die Vielzahl unserer Sinne unserem Körper weitgehende Möglichkeiten geschaffen, Schwachstellen bei den komplexen Wahrnehmungsprozessen durch die intakten Sinneskanäle – das sind die Sinnesorgane mit ihren Reizleitungen zum Gehirn – zu überbrücken, bis das Gehirn ausreichend Verbindungen zwischen den einzelnen Nervenbahnen geschaffen hat und die Schwachstelle behoben ist. Doch nehmen wir uns diese Möglichkeiten, wenn wir uns beim Lernen nur auf den Tisch, den Stuhl, das Federmäppchen, ein Buch und ein Blatt Papier beschränken.

Wie kommt es, daß so viele Kinder Lernprobleme haben?

Sie haben die Schwierigkeiten mit auf die Welt bekommen

Es kann sein, daß ein Kind seine Schwierigkeiten mit auf die Welt bekommen hat. Dann hat es von Anfang an Wahrnehmungsprobleme. Dies muß jedoch, insbesondere dem ungeschulten Beobachter, nicht unbedingt auffallen, da die Schwierigkeiten am Anfang am Rande der Auffälligkeit sind.

Dies ist gehäuft der Fall, wenn ein Kind nach einer liegenden Schwangerschaft geboren wurde oder eine längere Zeit im unbewegten Brutkasten liegen mußte. In dieser Zeit konnte es nicht ausreichend rhythmisch bewegt und geschaukelt werden, wie dies bei einer normalen Schwangerschaft ja geschieht. Sein Gleichgewichtssinn konnte folglich nicht ausreichend angeregt werden.

In dieser frühen Zeit der Entwicklung ist auch die Anregung des Tastsinns von grundlegender Bedeutung. Das Kind nimmt sich wahr, indem es im Mutterleib seine Grenzen spürt. Dieses elementare Erleben fehlt im Brutkasten. Bei einer liegenden Schwangerschaft kann es dies zwar erleben, doch auf Grund der fehlenden Lageveränderungen der Mutter nur eingeschränkt. So bahnen sich Probleme an, denn eine regelmäßige Anregung des Gleichgewichtssinns und des Tastsinns ist Voraussetzung für eine gesunde Gehirnreifung.

Glücklicherweise können Eltern ihrem Kind helfen, das Versäumte nachzuholen, indem sie ihm nach seiner Geburt und nach der Zeit des Brutkastens viele Gelegenheiten bieten, seine Sinne anzuregen, beispielsweise indem sie es in eine Wiege legen statt in ein unbewegtes Bettchen, es viel streicheln, massieren und ihm viel Körperkontakt ermöglichen.

Auch eine vorwiegend im Sitzen auf dem Bürostuhl oder im

Auto ausgetragene Schwangerschaft bringt für das im Mutterleib heranwachsenden Kind zu wenig Bewegung und ist somit für seine Entwicklung ungünstig. Es ist besser, wenn die Mutter jeden Tag zweimal zehn Minuten lang richtig schaukelt, wie Jean Ayres es empfiehlt. Dazu kann sie sich auf eine Schaukel oder in einen Schaukelstuhl setzen oder sich in eine Hängematte legen. Falls kein Platz für eine Hängematte da ist, besteht vielleicht die Möglichkeit, sie quer über das Ehebett zu hängen. Schön ist es, wenn die werdende Mutter singt, denn dadurch schafft sie zum einen eine frohe Atmosphäre und zum anderen bewegt sie durch die intensive Atmung das Zwerchfell, das dann wieder das Kind bewegt. Singen ist viel mehr als Musik aus dem Radio.

Unregelmäßigkeiten bei der Geburt führen ebenfalls häufig zu minimalen Schädigungen im Gehirn. Auch eine ganz leichte Nabelschnurumschlingung und ein minimaler Sauerstoffmangel können solche Folgen haben, selbst wenn die APGAR-Werte mit 10–10-10 oder 9–10-10 gut sind und der Arzt keinerlei Grund für eine Besorgnis sieht. APGAR ist eine Abkürzung und steht für Atmung, Puls, Grundtonus, Aussehen und Reflexe. Diese werden eine, fünf und zehn Minuten nach der Geburt nach dem APGAR-Schema gemessen und jeweils mit Null, eins oder zwei bewertet. Die Summe dieser Einzelwerte ergibt dann die APGAR-Werte.

Ein Kind kann auch die Anlage zu Lernstörungen mit auf die Welt bekommen haben. Das ist kein Hinderungsgrund für eine Therapie. Es ist auch in diesem Fall sinnvoll, die auftretenden Störungen möglichst frühzeitig zu behandeln.

Nicht alle Kinder mit Lernproblemen hatten von Geburt an Wahrnehmungsprobleme. Wahrnehmungsprobleme können sich im Lauf der ersten Lebensjahre auch bei einem anfangs gesunden Kind entwickeln, wenn es nicht ausreichend Gelegenheit erhält, seinen Körper kennenzulernen und mit ihm geschickt umzugehen. Dieser Erfahrungsmangel hindert das kindliche Gehirn daran, sich gesund zu entwickeln. Eine Ursache dafür kann eine langwierige Krankheit insbesondere in den ersten Lebensjahren sein, die es dem Kind unmöglich gemacht hat, sich altersgemäß zu bewegen und entsprechende Erfahrungen zu sammeln. Dabei kann es sich um einen langen Krankenhausaufenthalt oder eine lange Liegezeit zu Hause handeln oder aber auch um eine schwere Hautkrankheit, die normale Tastempfindungen nicht zuläßt.

Ebenso nachteilig wirken sich auch ein ungünstiges soziales Umfeld, Vernachlässigung und falsche Vorstellungen von der kindlichen Entwicklung hinsichtlich der Auswahl von Spielsachen und der Gestaltung des Alltags aus.

Unsere Lebensweise begünstigt Lernstörungen

Unsere Lebensweise ist, insbesondere in den städtischen Gebieten, für die kindliche Entwicklung äußerst nachteilig. Es fehlt an nahezu allem, was für eine natürliche Entwicklung wesentlich ist. Kinder müssen mit allen Sinnen ihre Umwelt erfahren können. Es ist für sie wichtig, im Dreck zu mantschen und Staudämme am Bach mit bloßen Händen zu bauen, mit den Füßen barfuß über Wiesen, Sand und Steine zu laufen, auf Bäume zu klettern, sich an einem Ast über den Bach zu schwingen, unter Hecken hindurch zu kriechen und gemeinsam mit anderen Kindern alles Mögliche und Unmögliche auszuprobieren und mit dem vorhandenen Material alte Spiele zu spielen und neue zu erfinden. So lernen sie ihren eigenen Körper kennen, sie spüren, mit wieviel Kraft, Schwung und Ausdauer und auch in welcher Lage sie Bewegungen am besten ausführen. Sie lernen auch, ihre Fähigkeiten und die Gefahren ihrer Umwelt richtig einzuschätzen. Dabei werden sie selbstbewußt und gewinnen durch das zunehmende Körperbewußtsein an Sicherheit. Was Kinder bei einem freien Spiel in einer gesunden, nicht von Autos beherrschten Umgebung, ungestört von übermäßig ängstlichen oder auch übermäßig ruhebedürftigen Erwachsenen lernen, ist unersetzlich. Und das nicht nur, weil dies zu einer glücklichen, unbeschwerten Kindheit gehört, die sicher alle Eltern ihren Kindern wünschen. Sondern weil diese Spiele die Voraussetzungen für ein erfolgreiches schulisches Lernen schaffen, denn dabei sind alle Sinne beteiligt, und die beiden Gehirnhälften werden gleichzeitig angesprochen. Das gute Zusammenspiel der Sinne wird auf diese Weise geübt, und das ist wichtig für eine reibungslose Aufnahme, Verarbeitung und Weiterleitung der aufgenommenen Reize. Diese Art von Spielen läßt keinen Mangel an körperlichen Erfahrungen aufkommen und unterstützt den Gehirnreifungsprozeß. Solche Spiele sind für eine gesunde Entwicklung wesentlich.

Auch wenn die Bedingungen für eine gesunde kindliche Entwicklung auf dem Land besser sind als in der Stadt, gibt es auf dem Land genauso Kinder mit Teilleistungsstörungen. Ihre Probleme verschwinden nicht allein dadurch, daß die Kinder phantasievoll in der Natur spielen und sie erleben können. Auch Landkinder mit Teilleistungsstörungen brauchen eventuell die Hilfe durch einen Therapeuten.

Unsere Welt ist arm an den Reizen, die wir brauchen, in gewisser Weise also reizlos statt reizvoll. Und zugleich beklagen wir die andauernde Reizüberflutung, deren wir uns kaum erwehren können. Da ist das Fernsehen, das Computerspiel, die Besuchsfahrten und Reisen mit dem Auto, sobald ein paar Stunden Freizeit am Stück zu verbringen sind. Es gibt die zu stark angefüllte Zeit der Eltern, die keine Zeit mehr zum Basteln und Werken mit den Kindern haben, die oft gar nicht mehr wissen, was und wie sie mit ihrem Kind ohne gekauftes Zubehör spielen können. Und dann ist da das Überangebot an Spielsachen. Oft liegen Kinder Kassette hörend auf dem Fußboden, neben sich noch einen Stapel weiterer Kassetten, und malen mit Filzstiften auf Papier.

Aber eine gesunde Entwicklung, die alle ihre Sinne anspricht, wird ihnen verwehrt. Sobald sie in der Wohnung hüpfen, werden sie um Rücksichtnahme und Ruhe gebeten. Klettern und schaukeln dürfen sie nur auf dem Spielplatz. Doch die zwei Stunden, die die Mutter dafür vielleicht am Nachmittag erübrigen kann, gleichen den Mangel an Bewegung und Erfahrungsammeln nicht aus. Im Haushalt ist auch nicht so viel kennenzulernen. Waschen übernimmt die Waschmaschine, Abspülen und Abtrocknen die Spülmaschine, das Quarkrühren macht das elektrische Rührgerät. Diese Liste läßt sich noch um einiges fortsetzen. Wenn aber die so unterschiedlichen Erfahrungen, die ein Kind braucht, unterbunden sind, wird auch die natürliche Reifung des Gehirns behindert. Schließlich macht bei solchen Erfahrungen der ganze Körper mit.

Eltern sind meistens die Zusammenhänge zwischen Bewegung,

Erfahrung und Lernen nicht bekannt. Auch haben sich die Lebensbedingungen geändert. Angesichts der drohenden Gefahren auf der Straße und des Ärgers mit den Nachbarn bei Ruhestörung sehen sie oftmals keine andere Wahl, als ihre Kinder möglichst ruhig zu halten.

Ein Ausgleich kann geschaffen werden durch ein entsprechend sorgsam ausgewähltes Angebot an Spielmaterial und Freizeitbeschäftigungen. Eltern, die wissen, wie wichtig es für die gesunde Entwicklung ihres Kindes ist, alle Sinne zu fördern, werden einem Trampolin, einem Rollbrett und einer Hängematte in der Wohnung aufgeschlossen gegenüberstehen. Die Bedeutung dieser und anderer Geräte für die kindliche Entwicklung habe ich zusammen mit etlichen praktischen Anregungen in meinem Buch „Drück mich mal ganz fest" ausführlich dargelegt.

Viele Eltern, die jetzt ihre Kinder großziehen, wuchsen oft selbst schon so auf, daß sie kein gesundes Körperbewußtsein entwickeln konnten und folglich motorisch ängstlich sind. Diese Ängste übertragen sie auf ihre Kinder und trauen ihnen beispielsweise nicht zu, auf einem Mäuerchen zu balancieren, ohne herunterzufallen oder Kunststücke mit dem Hüpfseil auf dem Trampolin auszuprobieren. Wenn Eltern ihre Verhaltensmuster ändern und Vertrauen in das Körpergeschick ihres Kindes entwickeln, dann können sie mit Freude beobachten, wie es immer geschickter wird, Selbstsicherheit gewinnt und so die Basis für erfolgreiches Lernen schafft. Ein Kind mit einem schlecht ausgeprägten Körperbewußtsein wird später zu Lese- und Rechtschreibschwierigkeiten und/oder Rechenproblemen sowie Verhaltensauffälligkeiten mit all den Konsequenzen des möglichen Schulversagens neigen.

Unsere Unterrichtsmethoden begünstigen Lernprobleme

An unseren Schulen wird der Lernstoff hauptsächlich über die Ohren und die Augen vermittelt. Die Schüler sollen möglichst still und unbewegt auf ihrem Stuhl sitzen und aufmerksam dem Unterrichtsgeschehen folgen. Ihre Tätigkeiten beschränken sich, überspitzt formuliert, im wesentlichen darauf, daß sie mit den Augen Buchstaben und Zahlen von der Tafel oder aus dem Buch oder Heft lesen, an die Tafel oder ins Heft schreiben, dem Lehrer oder einem aufgerufenen Schüler zuhören, sich melden und nur gelegentlich dann etwas sagen, wenn sie aufgerufen werden. In den ersten beiden Klassen, insbesondere in den ersten Schulwochen, wird den Kindern noch ein gewisser Bewegungsdrang nachgesehen und auch ihrer Freude am Umgang mit formbarem Material wie Knete Rechnung getragen, etwa beim Kneten von Buchstaben und Zahlen. Danach hört dies leider fast völlig auf.

Auf diese Weise wurden schon zahllose Schülergenerationen unterrichtet, und das selbst in weit größeren Klassenverbänden als heute. Bis vor kurzem griff diese Methode bei den meisten Schülern. Das hat sich erheblich geändert.

Bis vor ein, zwei Generationen wuchsen die Kinder in einer natürlich gewachsenen Umgebung auf und konnten mit allen Sinnen Erfahrungen sammeln und so zu neurologisch gesunden Menschen heranwachsen. Da machte es wenig aus, wenn sie vormittags still sitzen mußten und der Lernstoff im wesentlichen über nur zwei Sinneskanäle vermittelt wurde. Da bei ihnen auf Grund ihrer vielseitigen Erfahrungen alle Sinne gut zusammenspielten, konnten sie in der Schule Gehörtes und Gesehenes gut verknüpfen.

Wenn diese Verknüpfung nicht gewährleistet ist, kann ein Kind beispielsweise bei der üblichen Art des Lesenlernens größte Schwierigkeiten beim Zusammenziehen von zwei Buchstaben haben. Nehmen wir die Silbe „ba". Es hört „be a" und sieht „b a". Wie soll da etwas anderes daraus werden als „bea"? Würde das Kind die Chance erhalten, das gleiche anders zu lernen, nämlich unter Einbeziehung möglichst verschiedener Sinne, dann würde es leichter lesen lernen und mehr Freude am Lernen und am Lesen haben. Und diese Freude ist wiederum wichtig für die Dauerhaftigkeit des Lernerfolges.

Die gängige Unterrichtsweise kommt nicht der Begabungsstruktur aller Kinder entgegen. Eine einseitige Lehrmethode benachteiligt Kinder, die durchaus intelligent sind, aber auf Grund der vorgegebenen Einseitigkeit der Unterrichtsmethode ihre

Schwachstellen nicht über andere Sinneskanäle ausgleichen können. So kommt es, daß bei uns zahlreiche intelligente Kinder nur mit Mühe lernen, korrekt und flüssig zu schreiben und zu lesen.

Lernen geschieht am besten durch Bewegung und durch eigene Erfahrungen. Eine offene Klassenführung mit Freiarbeit, bei der alle Sinne und möglichst beide Gehirnhälften angesprochen werden, ist zweifelsohne eine ideale Lösung, die allen Kindern gerecht werden kann. Es ist wichtig, ihrem Bewegungsdrang beispielsweise im Rahmen der Freiarbeit oder bei der Bewegungspause nachzukommen und sonst störende körperliche Unruhe in sinnvolle Bewegungen umzulenken. Wenn Kinder sich bewegen, bauen sie neue Energie und Konzentrationsfähigkeit auf. Sie können danach wieder besser aufpassen, aufnehmen und mitmachen. Bewegung während der Schulstunden ist mehr als nur ein Ausgleich von Lernsituationen.

Es wäre von großem Wert, wenn der Klasse eine zweite Lehrkraft zumindest an einigen Tagen der Woche zur Verfügung stünde. Sie könnte gezielt bestimmte Kinder beobachten und versuchen, ihre Stärken und Schwächen und somit ihre individuellen Lernbedürfnisse zu erkennen. Sie könnte auch einmal eine einzelne Gruppe als Kleingruppe unterrichten. Das wäre ein wirksamer Weg, um der Entstehung von Lernproblemen entgegenzuwirken. Da die Kinder bei dieser Art von Lernen viel Freude empfinden, ist die gesamte Lernatmosphäre angenehm, und störendes Fehlverhalten ist viel seltener als bei der herkömmlichen Unterrichtsweise.

Je besser es dem Lehrer gelingt, die individuellen Lernbedürfnisse der Kinder zu erkennen und ihnen entgegenzukommen, desto mehr Erfolg hat er beim Vermitteln des Lernstoffes. Umgekehrt verstärken Streß, Schimpfen und Strafen die Probleme, weil sie Ängste und damit Blockaden aufbauen. Inzwischen zeigt sich gerade bei den jüngeren Lehrern und Lehrerinnen eine größere Offenheit.

Wenn ein Kind Schwierigkeiten mit der Schule hat, so kann man sie nicht allein dem Lehrer anlasten. Das Kind bringt bereits Wahrnehmungsprobleme mit in die Schule. Dort führen sie zu Lese-, Schreib- und/oder Rechenproblemen sowie Verhaltensauffälligkeiten, wenn das Kind keine Gelegenheit bekommt, auf eine ihm gemäße Art zu lernen. Der Lehrer kann durch eine möglichst individuelle Unterrichtsweise und eine angenehme, als freudig und motivierend empfundene Lernatmosphäre solche Schulschwierigkeiten zumindest bei den leicht und mittelgradig von Wahrnehmungsproblemen betroffenen Kindern gering halten oder verhindern. Wenn die Probleme aber einmal da sind, kann er allein sie kaum lösen.

Der Lehrer trägt die Verantwortung für jeden seiner Schüler. Er kann diese Verantwortung nur wahrnehmen, wenn er sich unter anderem auch mit den Ursachen und Auswirkungen von Teilleistungsstörungen auseinandersetzt und nach Möglichkeiten sucht, ihnen zu begegnen. Eltern haben die Verantwortung für den fachlich richtigen Umgang mit den Teilleistungsstörungen ihres Kindes erst dann, wenn Fachleute es ihnen ermöglicht haben, diese komplexen Störungen zu begreifen und ihnen angemessen zu begegnen.

Wie geht es einem Kind mit Lernproblemen?

Alle Kinder wollen lernen und Erfolg beim Lernen haben. Wenn nun ein Kind merkt, daß es bei bestimmten Dingen immer Schwierigkeiten hat, obwohl es sich Mühe gibt, während andere Kinder die gleichen Aufgaben mühelos zu bewältigen scheinen, ist es enttäuscht und irgendwann ärgerlich und entmutigt. Schließlich fühlt es sich minderwertig. So vergeht ihm die Freude am Lernen.

In den ersten beiden Schuljahren reagieren solche Kinder auf die Überforderung oftmals mit psychosomatische Beschwerden. Sie klagen über Bauchweh oder Kopfschmerzen, oder sie können abends nicht einschlafen, wollen am liebsten nicht in die Schule gehen, fangen an zu stottern oder nässen wieder ein. Sie kommen aggressiv und geladen aus der Schule, und es kommt auf dem Heimweg oder daheim vermehrt zu Streitigkeiten. Oder sie sind traurig und weinerlich. Und wenn sie mit dem Schreiben, Lesen und/oder Rechnen nicht gut zurechtkommen, heißt es zumindest in der ersten Grundschulklasse leicht: Das gibt sich noch, lassen wir ihm Zeit. Doch es gibt sich nicht. Es ist wichtig, daß Eltern sich darüber im klaren sind und sich nicht vertrösten lassen.

Etwas später werden die Lernprobleme offensichtlich. Schriftbild und Rechtschreibung und/oder das Lesen lassen zu wünschen übrig, und/oder die Leistungen im Rechnen entsprechen nicht den Erwartungen der Lehrkraft. Dennoch werden die Nöte oft auch zu diesem Zeitpunkt noch nicht richtig erkannt. Dem Schüler wird oft vorgeworfen, er wäre faul, langsam, würde sich nicht konzentrieren, könnte alles, wenn er nur wollte und sich mehr Mühe gäbe. Aber er will aus der Sicht der Erwachsenen gar nicht. Diese Aussagen kommen zumeist spätestens mit Beginn des zweiten Schuljahres.

Die Vorstellungen der Erwachsenen kommen nicht von ungefähr, sondern beruhen auf ihren wechselnden Erfahrungen mit dem Kind. Denn Kinder mit Teilleistungsstörungen schwanken in ihren Leistungen häufig sehr stark und/oder können in Teilbereichen Spitzenleistungen erbringen. Für diese Schwankungen in der Begabung und in der Tagesform können die Kinder nichts.

Eltern und Lehrer erzeugen oft Druck. Dieses Verhalten verstärkt die Probleme des Kindes und führt zudem oftmals zu Beziehungsstörungen in den Familien, weil die Erwartungshaltung der Eltern den Möglichkeiten ihres Kindes nicht entspricht. Das Selbstbewußtsein des Kindes leidet und oft auch die Sicherheit, von Vater und Mutter so geliebt und akzeptiert zu werden, wie es ist.

An wen können sich besorgte Eltern wenden?

Gehen Sie auf die Lehrerin bzw. den Lehrer Ihres Kindes zu

Es ist immer zu wünschen, daß ein guter Kontakt zwischen dem/der Lehrer/in des Kindes und den Eltern besteht. Sowohl der/die Lehrer/in als auch die Eltern wollen das Beste für das Kind. Darum ist es wichtig, daß sie sich in diesem Bemühen gegenseitig unterstützen. Sobald Eltern wegen des Verhaltens oder der schulischen Leistungen ihres Kindes beunruhigt sind, sollten sie offen mit dem/der Lehrer/in darüber sprechen. Eltern sind immer kompetent für ihr Kind, denn sie kennen es am besten, und der/die Lehrer/in ist ihr Partner in der Erziehung. Viele Eltern haben in meinen Augen eine übertriebene Scheu vor Lehrern. Ich denke, das hängt mit schlechten Erfahrungen zusammen, die sie vielleicht als Schüler gemacht haben. Kaum denken sie an ihre eigene Schulzeit zurück, so erwacht in ihnen wieder das Gefühl der Angst und der Unterlegenheit. Wenn sich Eltern dieses Zusammenhangs bewußt werden, dann können sie leichter zu einem positiven Verhältnis zum Lehrer ihres Kindes finden. Eltern dürfen, ja sollen den/die Lehrer/in um Rat fragen und ihm umgekehrt Hinweise zur Erziehung ihres Kindes geben.

Der Lehrer wird seine Beobachtungen zu ihrem Kind im Vergleich zu den Klassenkameraden sehen und die Eltern beruhigen oder aber gemeinsam mit ihnen nach Mitteln und Wegen suchen, wie dem Kind und auch seinen Bezugspersonen zu helfen ist. Zusammen mit ihm werden die Eltern überlegen, welchen Beitrag sie im Rahmen der Familie leisten können und inwieweit der Lehrer in der Schule das Problem zu lindern vermag. Sie werden gegebenenfalls auch eine Therapie durch einen Ergotherapeuten oder Motopäden in Betracht ziehen und eine Teilnahme an psychomotorischen Übungsstunden und/oder eine kinesiologische Behandlung erwägen. Die Entscheidung für die geeignete Therapie fällt der Kinderarzt, der auch das Rezept ausstellt, nachdem er sich ein eigenes Bild von den Störungen des Kindes gemacht und die Sichtweise der Eltern und des Lehrers in seine Überlegungen einbezogen hat. Bei gravierenden Lernproblemen wird auch der Rat des Schulpsychologen oder einer psychologischen Beratungsstelle eingeholt.

Holen Sie den Rat Ihres Kinderarztes ein

Bei Lernstörungen sollte der Eindruck der Eltern und des Lehrers durch eine Untersuchung und Beratung des Kinderarztes abgerundet werden. Es ist hilfreich, wenn die Eltern ihm möglichst viele Informationen geben, die aus ihrer Sicht mit dem Problem in Beziehung stehen. Im günstigsten Fall kennt er das Kind schon lange und auch dauerhaft und kann daher die von den Eltern vorgebrachten Bedenken in das ihm bekannte Bild einfügen. Falls er sich auf Teilleistungsstörungen spezialisiert hat, wird er sie richtig diagnostizieren und auch in Zusammenhang bringen mit sekundären Verhaltensstörungen in der Schule, unter den Freunden und in der Familie, und auch die geeignete Therapie kennen. Er kann den Eltern klar mitteilen, daß ein Kind mit Teilleistungsstörungen intelligent und geistig normal ist, und daß es die Störungen durch eine intensive Therapie überwinden kann, vorausgesetzt sie werden frühzeitig erkannt und behandelt.

Die meisten Kinderärzte haben sich nicht auf dieses Gebiet spezialisiert und verfügen folglich nicht über profunde Kenntnisse bezüglich der Erkennung und Behandlung von Teilleistungsstörungen. Bleiben Sie hartnäckig und lassen sich nicht beirren, wenn Sie beunruhigt sind, es geht schließlich um Ihr Kind. Bringen Sie immer wieder Ihre Sorgen vor und bitten um eine genaue Abklärung der Störungen durch einen Spezialisten. Der Kinderarzt wird dann entsprechend dem Ergebnis dessen Untersuchung und Empfehlung eine Therapie verordnen. Bitten Sie ihn darum, Ihnen zu helfen, Ihrem Kind gerecht zu werden, seine Schwierigkeiten besser zu verstehen und es nicht zu überfordern und doch gleichzeitig optimal zu fördern. Falls er sich nicht in der Lage fühlt, Sie und Ihr Kind hinsichtlich seiner Lernprobleme gut zu betreuen, so wird er vielleicht einen Kollegen um die weitere Betreuung Ihres Kindes bitten, der sich auf dieses Thema spezialisiert hat, oder aber er wird sich mit der Thematik der Teilleistungsstörung auseinandersetzen und fortbilden. Nur so kann er die Verantwortung wahrnehmen, die er als Kinderarzt für jedes von ihm behandelte Kind übernommen hat.

Lernen ist ein ganzheitlicher Vorgang. Darum muß für die Behandlung von Lernproblemen ein ganzheitlicher Ansatz gewählt werden. Nur er kann eine tatsächliche Verbesserung bewirken. Die Bezugspersonen eines Kindes verfügen aber alle nur über die ihrer Berufsgruppe eigenen Fachkenntnisse. Eine Gesamtbeurteilung auch aus der Sicht anderer Disziplinen ist ihnen daher unmöglich. Daher wäre es es von großem Vorteil für ein Kind mit Lernstörungen, wenn sich Arzt, Lehrer, Schulpsychologe, Eltern und Therapeut als gleichwertige Partner durch ihre unterschiedlichen Kenntnisse und Erfahrungen ergänzten und gemeinsam Lösungsmöglichkeiten erarbeiteten (vgl. Gaddes, William H., Lernstörungen und Hirnfunktion). Doch ist dies weitgehend nur ein Wunschbild und entspricht nicht der Realität.

An wen auch immer die Eltern weiterempfohlen werden, um Hilfe für ihr Kind zu erhalten, es muß ihnen klar sein, daß niemand ihnen nach einigen Wochen der Therapie ein völlig kuriertes, funktionierendes Kind zurückgeben wird. Die Hilfe der anderen kann nur dann entscheidend sein, wenn die Eltern sie als maßgebliche Unterstützung für ihre eigenen Bemühungen ansehen. Ihre eigene Mitarbeit, ihre Motivation und ihr langer Atem sind letztlich entscheidend. Sie müssen sich auf eine Behandlungszeit von mindestens ein bis zwei Jahren gefaßt machen. Die Probleme wuchsen über Jahre hinweg heran, ehe sie erkannt wurden, und brauchen etwa die gleiche Zeit, um Schritt für Schritt wieder abgebaut zu werden.

Der Einsatz der Eltern lohnt sich. Denn es geht letztlich um das Selbstbewußtsein und die Lebensfreude ihres Kindes und auch um den Frieden in der Familie, das Glück, die Zuversicht und das Überleben!

Wie können Eltern ihrem Kind helfen, erfolgreich zu lernen?

Wie steht es um das Familienklima?

Erfolgreiches Lernen ist am leichtesten in einer angenehmen Atmosphäre möglich, in der das Kind sich wohl fühlt. Eine wichtige Rolle spielt das Familienklima. Das Kind braucht das Gefühl der Sicherheit und Geborgenheit in seiner Familie. Es muß wissen können, daß sowohl der Vater als auch die Mutter seine Bemühungen sehen und anerkennen, auch wenn die schulischen Ergebnisse nicht so sind, wie sie es ihrem Kind und natürlich sich selbst wünschen, und daß sie es liebhaben.

Mütter erleben die Kinder beim Heimkommen nach der Schule, hören und spüren ihre Nöte und bekommen auch direkt mit, wie sie manchmal bei den Hausaufgaben um jede einzelne Rechen- oder Schreibaufgabe ringen. Sie bemühen sich, durch ihr Zuhören und ihren Zuspruch das Kind aufzufangen. Bei der Durchführung der Hausaufgaben stehen sie ihren Kindern oft zur Seite, machen Mut, helfen zu radieren, zu rechnen, sie üben mit den Kindern und spüren, daß sie lernen wollen, aber es oftmals einfach nicht können. Sie wissen, daß das Kind sich bemüht hat, und daß auch sie selber ihr Bestes gegeben haben. Dennoch sieht man dem Ergebnis die Mühe oft nicht an, die dahinter steckt. Die Mütter sind oft ratlos und haben das Gefühl zu versagen. Die Erledigung der Hausaufgaben geht häufig an die Grenze der Belastbarkeit von Mutter und Kind.

Väter haben es oft schwerer als Mütter, die Schwierigkeiten ihres Kindes anzuerkennen, denn sie erleben seinen Schulalltag meistens nicht so hautnah wie sie. Daher meinen sie eher, das Kind wäre nur faul und unwillig. Am schlimmsten für das Kind ist es, wenn sie behaupten, daß es schon bessere Leistungen erbringen könnte, wenn es nur wollte. Das Kind fühlt sich zu Recht nicht verstanden und zurückgestoßen. Es fühlt sich hilflos.

Es kann auch andersherum sein, nämlich daß der Vater die Probleme sieht, nicht aber die Mutter, und daß er darunter leidet, daß nicht er die Hausaufgabenbetreuung übernehmen kann, weil er mehr Verständnis und daher mehr Geduld aufbringen kann als seine Frau.

Wenn nur ein Elternteil bereit ist, die Lernstörungen eines Kindes zu sehen, wird es für den anderen schwerer sein, dem Kind wirklich zu helfen. Denn nur gemeinsam können Eltern eine entscheidende Änderung zum Besseren hin bewirken. Darum ist es wichtig, daß sie sich um ein verständnisvolles Verhältnis sowohl untereinander als auch zwischen sich und dem Kind bemühen. Sie durchbrechen damit den Teufelskreis von Mißverständnissen, ungerechtfertigten Vorwürfen und Anschuldigungen, Tränen und Aggressionen. Bei einem gelösten, von Verständnis und gegenseitiger Achtung geprägten Familienklima fühlt es sich geborgen und wohl. Es kann in der Sicherheit, geliebt und geachtet zu werden, lernen durch wiederholtes Üben, durch Erfolg und Mißerfolg, ohne Angst vor Strafen und Vorwürfen. Die Eltern leisten auf diese Weise einen entscheidenden Beitrag zum Abbau der Lernprobleme. Das Kind entwickelt wieder Selbstvertrauen und Lernfreude. Falls es bereits dazu neigte, Leistung zu verweigern und Angstblockaden aufzubauen, so geht dies zurück und eine positive Entwicklung kann einsetzen.

Schaffen Sie günstige Arbeitsbedingungen

Für alle Kinder ist ein fester, übersichtlicher Arbeitsplatz, an dem sie regelmäßig ihre Hausaufgaben erledigen, von Vorteil. Für ein Kind mit Lernproblemen ist er aber eine Grundbedingung. Oftmals ist es ablenkbar. Dann kann es bei Reizen, die auf es einströmen, nicht unterscheiden zwischen solchen, die im Augenblick für seine Hausaufgaben wichtig sind und solchen, die damit nichts zu tun haben. Beim Lösen einer Rechenaufgabe ist beispielsweise der Vogel vor dem Fenster und das Klappern der Töpfe in der Küche unwichtig. Dagegen muß das Kind das Gleichgewicht auf dem Stuhl wahren, das richtige Heft aus der Schultasche holen, die richtige Seite im Heft und im Buch aufschlagen, mit den Augen im Wechsel die Rechenaufgabe im Buch und die Zeile im Heft wiederfinden und dazu noch den Stift führen. Vielleicht muß es obendrein zwischen unterschiedlichen Schriftarten wechseln, da das Buch in Druckschrift geschrieben ist, die Aufgabe im Heft jedoch in Schreibschrift auszuführen ist. Das ist eine komplexe Abfolge von Teilleistungen. Wenn ihm nur eine der Teilleistungen nicht so recht gelingt, kann es die gesamte Aufgabe nur unbefriedigend bewältigen.

Diese Schwierigkeiten, sich zu konzentrieren, könnte man mit Lustlosigkeit erklären. Dies ist in gewisser Weise auch richtig, denn das Kind möchte am liebsten den Hausaufgaben ausweichen, deren Erledigung ihm so viel an Konzentration und Koordination abverlangt, und schließlich wird ihm dabei täglich gezeigt, wie unfähig es ist.

So ist es nur konsequent, wenn die Eltern versuchen, ihm die Konzentration zu erleichtern, indem sie mögliche Störquellen weitestgehend ausschalten. Günstig ist es beispielsweise, den Schreibtisch an die – möglichst einfarbige – Wand zu stellen. Da fällt der Blick nicht so leicht auf den Baum vor dem Fenster und die anderen Kinder vor dem Haus, wie wenn der Schreibtisch direkt am Fenster steht. Es kann sich auch leichter konzentrieren, wenn nur das für die Hausaufgaben Nötige auf dem Tisch liegt. Der ganze Krimskrams, der oft auch noch darauf ist und zum Arbeiten nur ein Stückchen in die Ecke geschoben wird, verlockt zu leicht zum Spielen.

Zu den Arbeitsbedingungen gehört auch ein geeigneter Sitzplatz und eine optimale Sitzhaltung. Die Aufmerksamkeit und die Konzentration sind am größten, wenn das Kind optimalen Widerstand spürt. Der Körper sollte sich im 90° Winkel zu den Oberschenkeln befinden und diese wiederum im 90° Winkel zu den Unterschenkeln. Die Füße liegen bei einer optimalen Sitzhaltung flach auf dem Boden auf und sind entweder nackt oder in gutsitzenden Schuhen, nicht in lockeren Schlappen. Die Haltung wirkt sich positiv auf Schreibhaltung und Schrift aus.

Üblicherweise sitzen Kinder auf einem normalen Stuhl oder einem Bürostuhl mit Rollen. Letzterer unterstützt die mögliche Bewegungsunruhe oft in ungünstiger Weise, weil das Kind darauf keinen klaren Halt findet und daher ohne Orientierung ist. Bei einem normalen Stuhl ist darauf zu achten, daß die Fußsohlen nach unten einen deutlichen Widerstand spüren. Falls das Kind den Boden noch nicht erreichen kann, löst die Verwendung eines Fußschemels das Problem. Es gibt auch spezielle Kinderstühle aus Holz, bei denen die Sitzfläche und die Fußstütze verstellbar sind.

Es gibt auch noch eine andere Möglichkeit. Sie können Ihrem Kind zusätzlich zu einem Stuhl einen T-Stuhl oder einen großen Gymnastikball für die Hausaufgaben anbieten. Kinder nehmen einen solchen Ball gerne an. Und dann steht er auch für die Erledigung der Hausaufgaben zur Verfügung. Ein T-Stuhl besteht aus einem Brettchen, das als Sitzfläche dient, und aus einem weiteren Brett, das in der Mitte dieses Brettes im rechten Winkel zu ihm angebracht ist und das Stuhlbein ersetzt. So schön der Gymnastikball und der T-Stuhl als Idee sind, so dürfen sie nicht die einzig mögliche Sitzgelegenheit für die Hausaufgaben sein. Nach einiger Zeit reicht den Kindern vielleicht die Anregung ihres Gleichgewichts, und sie brauchen wieder den klaren Widerstand eines Stuhls.

Gerade unruhige Kinder, die sonst auf ihrem Stuhl herumkippeln, mit den Beinen zappeln oder immer nur halb auf dem Stuhl sitzen und ein Bein unter den Po geklappt haben, lieben diese Alternative. Denn sie suchen durch ihre Bewegungen die verstärkte Körperwahrnehmung, die sie wegen der Wahrnehmungsstörungen beim Stillsitzen nicht haben. Es ist irrig zu glauben, daß ein unruhiges Kind zur Ruhe gebracht werden muß. Es versucht, seine Defizite durch die verstärkte Bewegung selbst auszugleichen und muß darin unterstützt werden. Der T-Stuhl und auch der Gymnastikball erlauben es ihm, beständig sein Gleichgewicht zu finden. Dadurch kommt es auch ins innere Gleichgewicht und kann besser arbeiten. Keine Angst vor dem Wegrollen des Balles, das kann natürlich gelegentlich passieren, das gehört zum Lernen dazu! Das Kind wird selbst herausfinden, wie es mit dem Ball am besten umgeht.

Wem der Gymnastikball unerträglich scheint, dem sei noch ein Hinweis gegeben. Es gibt für Autositze Auflagen aus dicken Holz- oder Plastikperlen. Bieten Sie Ihrem Kind eine solche Auflage für seinen Schreibtischstuhl an. Auf diesen Perlen wird es seinen Körper deutlicher spüren und folglich besser arbeiten können.

Zu günstigen Arbeitsbedingungen gehört für mich auch ein strukturierter, übersichtlicher Raum. Bunte Muster an den Vorhängen und Tapeten sowie ein offenes Regal, aus dem alle Spielsachen herausschauen und zum Herausholen einladen, sowie eine allgemeine Unordnung stören die Konzentration und lenken von den Hausaufgaben ab. Da sich Kinder mit Wahrnehmungsproblemen nicht gut vor äußeren Reizen schützen können, brauchen sie die Unterstützung der Eltern. Es ist ihre Aufgabe, sie vor einer Überreizung zu schützen und ihnen zu helfen, in ihrem Zimmer die Übersichtlichkeit und Ordnung zu wahren, beispielsweise indem sie für die Spielsachen einen geschlossenen Schrank statt eines offenen Regals in das Zimmer stellen und die einzelnen Spiele und Spielsachen in größeren Schachteln verstauen, die alle ihren festen Platz haben.

Das heißt nicht, daß keine Spielsachen auf dem Boden liegen dürfen. Wenn das Kind offensichtlich etwas gebaut oder eine Beschäftigung nur unterbrochen hat, um sie am nächsten Tag fortzuführen, so muß es die Möglichkeit haben, dies zu tun statt immer wieder alles zu zerstören.

Manche Kinder lernen auch gerne bei Musik. Sie können sich damit beruhigen oder auch anregen. Daher würde ich sie keinem Kind verbieten. Aber umgekehrt finde ich es sehr wichtig, daß sie insbesondere während der Hausaufgaben nicht durch akkustische Reize überfordert werden, etwa durch das Radio in der Küche und den Plattenspieler vom älteren Bruder.

Noch ein kleiner Hinweis, falls Ihr Kind Sie während der Hausaufgaben an seiner Seite braucht: setzen Sie sich möglichst im rechten Winkel neben das Kind. Da fühlt es sich wohler, als wenn Sie seitlich daneben oder ihm gegenüber sitzen.

Auch das erleichtert die Konzentration

Ein Kind kann sich nur dann auf die eigentlichen Hausaufgaben konzentrieren, wenn seine Aufmerksamkeit nicht durch ganz grundlegende Dinge gebunden ist wie das Gleichgewicht oder das Aufrechthalten des Kopfes. Das erklärt, warum viele dieser Kinder beim Schreiben den Kopf mit der Hand abstützen oder sich breit auf die Bank lümmeln. Sie schaffen sich dadurch eine sichere Basis für weitere Tätigkeiten. Auch bei ihnen müssen sie ihren Körper oft bewußt steuern, selbst wenn diese Tätigkeiten eigentlich automatisiert sein sollten. Ein Kind, das beim Führen des Stiftes genau auf seine Daumenstellung und den ausgeübten Druck achten muß, kann seine Aufmerksamkeit nicht ausschließlich auf die inhaltliche Durchführung der Hausaufgaben lenken. Der Grund für seine geteilte Aufmerksamkeit ist das mangelnde Körpergefühl. Also gilt es, dieses zu verbessern.

Es erweist sich als hilfreich, vor den Hausaufgaben gezielt beide Gehirnhälften anzusprechen. Jede Gehirnhälfte übernimmt schwerpunktmäßig bestimmte Aufgaben. So ist bei den meisten Menschen die linke Gehirnhälft zuständig für Aufgaben, die mit Struktur und mit Einzelheiten zu tun haben, während die rechte für den Zusammenhang, die Phantasie und die Musik da ist. Beim Lesen und Schreiben ermöglicht die linke Gehirnhälfte das Lesen und Schreiben der einzelnen Buchstaben und die rechte ermöglicht das Zusammenlesen. Beim Lösen einer Textaufgabe im Rechnen steuert die linke Gehirnhälfte das Lesen der einzelnen Buchstaben und dann später den Rechenvorgang. Für den Zusammenhang im Lesen und im Sinnverständnis ist die rechte Seite zuständig. Eine gute Integration der Gehirnhälften ist in fast allen Situationen nötig, bei Kindern mit Lernproblemen aber oft nicht gegeben.

Dies zeigt sich auch in ihrem meist schlechten Schriftbild. Wenn die Gehirnhälften nur mangelhaft zusammenarbeiten, ist ein Überkreuzen der Körpermittellinie nicht möglich. Das ist eine gedachte Linie, die von der Nase bis zum Boden genau zwischen den Füßen verläuft. Die Kinder sitzen zum Schreiben dann so schief da, daß das Papier seitlich von dieser gedachten Linie auf der Seite der Schreibhand liegt, oder aber sie sitzen gerade am Tisch und haben das Papier schräg liegen, so daß ein Überkreuzen der Mittellinie vermieden werden kann. Es ist übrigens auch interessant, Erwachsene beim Schreiben zu beobachten. Die Schreibhaltung, die sie einnehmen, ist nicht nur Gewohnheit. Sie hat ihren guten Grund.

Bestimmte Tätigkeiten verbessern die Integration der Gehirnhälften. Darum ist es für Kinder vorteilhaft, wenn sie Gelegenheit haben, vor der Erledigung der Hausaufgaben solche Tätigkeiten auszuführen. Dazu gehören die verschiedensten altbekannten Kinderspiele, bei denen das Körperbewußtsein verbessert wird: Kästchenhüpfen, Seilspringen, Stelzenlaufen, Ballspielen, Klettern, Schaukeln. Ein Kind kann aber genauso gut auf einem Trampolin in der Wohnung springen oder auf einem Gymnastikball hin- und herrollen, den es danach vielleicht als Sitzplatz verwendet. Diese Tätigkeiten machen Spaß und sind eine gute Vorbereitung für die Hausaufgaben. Sie gelingen dann besser. Darum ist es nicht sinnvoll, wenn Eltern sie erst als Belohnung für zufriedenstellende Hausaufgaben in Aussicht stellen.

Auch kinesiologische Übungen verbessern die Zusammenarbeit der Gehirnhälften. Sie sind bei konsequenter Durchführung sehr hilfreich. Erste deutliche Erfolge werden sich meist erst nach mehreren Wochen oder sogar Monaten einstellen. Am wirksamsten sind sie in Zusammenhang mit einer kinesiologischen Behandlung, bei der eine Korrektur durchgeführt wird und gezielt die passendsten Übungen ausgetestet werden. Auf diese Möglichkeit werde ich in einem späteren Kapitel nochmals näher eingehen.

Ich stelle Ihnen eine Auswahl kinesiologischer Übungen vor, die sich als Hausaufgabenvorbereitung besonders eignen. Sie können mit ihnen keinen Fehler machen, und die ganze Familie kann mittun. Dann ist das Kind mit den Lernproblemen nicht in eine Sonderrolle gedrängt. Es genügt aber nicht, mit einem Kind, das Lernprobleme hat, kinesiologische Übungen vor den Hausaufgaben zu machen. Sie müssen eingebettet sein in viele andere, unterschiedliche Hilfen. Die Beschreibung der Übungen mag kompliziert klingen. Die Übungen sind aber einfach durchzuführen. Für den Fall, daß Sie gerne eine bildliche Darstellung hätten, so verweise ich Sie auf das „Lehrerhandbuch Brain Gym" von Dennison oder die „Lerngymnastik" von Ballinger.

Und so geht die erste Übung: Machen Sie mit Ihrem Kind gemeinsam Überkreuzbewegungen, bis sie flüssig gehen. Das sind Übungen, bei denen gleichzeitig der eine Arm und das gegenüberliegende Bein bewegt wird. Stellen Sie sich auf das linke Bein und winkeln Sie das rechte an und führen Sie gleichzeitig die linke Hand in Richtung des rechten Knöchels. Dann nehmen Sie die linke Hand zurück, stellen den rechten Fuß auf den Boden, winkeln das linke Bein ab und führen Sie gleichzeitig die rechte Hand in Richtung des linken Knöchels.

Es kann sein, daß Ihr Kind nicht in der Lage ist, die Übung auszuführen, weil es mit dem Gleichgewicht Probleme hat. Dann kann es die Übung auch im Sitzen auf dem Boden oder einem Stuhl oder auch im Knien ausführen. Vordringlich ist nicht das Halten des Gleichgewichts, sondern das Überkreuzen der Mittellinie. Ich habe bei meiner Beschreibung die Bezeichnungen „rechts" und „links" verwendet. Es ist besser, wenn Sie bei Ihrem Kind diese Bezeichnungen meiden, wenn es dazu neigt, rechts und links zu verwechseln, denn dann ist „rechts" und „links" bei ihm auf Grund der häufigen Verwechslungen mit Ängsten und Blockaden verbunden. Geben Sie als Orientierung etwas vor, was außerhalb des Kindes liegt. Sagen Sie also beispielsweise „das Bein, das zur Straße hinzeigt" und „der Arm, der zum Garten hinzeigt". Wenn Ihr Kind Rechts-links-Probleme hat, sollte es bei den Übungen immer an der gleichen Stelle und in der gleichen Richtung stehen, damit auch immer „das Bein, das zur Straße zeigt" auf seiner gleichen Körperseite ist. Sonst wird es in seiner Seitigkeit vielleicht noch mehr verwirrt.

Es kann sein, daß Ihr Kind das rechte Bein und den rechten Arm gleichzeitig bewegt, wenn es eine Überkreuzbewegung ausführen soll. Dann sehen Sie, wie schwer es ihm fällt, beide Gehirnhälften gleichzeitig anzusprechen. In diesem Fall werden Sie mit mündlichen Hinweisen und auch mit einem Berühren des „richtigen" Beins nicht unbedingt zurecht kommen, weil es nicht gleichzeitig den Hinweis hören beziehungsweise die Berührung wahrnehmen und seine Bewegungen korrigieren kann. Führen Sie mit Ihren Händen mit einem klaren, aber liebevollen Druck seinen rechten Arm und sein linkes Bein zusammen und auseinander, dann den linken Arm und das rechte Bein usw.

Wenn nach einiger Zeit die erste Überkreuzbewegung gut geht, dann machen Sie eine andere. Strecken Sie dazu den rechten Arm nach rechts und das linke Bein gleichzeitig nach links, und dann das gleiche mit dem linken Arm und dem rechten Bein.

Beim Lesen wandern die Augen von der linken Seite des Papieres zur rechten und wieder zurück. Das heißt, daß die Augen fortwährend die Mittellinie kreuzen müssen. Um die Augen darauf vorzubereiten, ist es günstig, die sogenannten liegenden Achten durchzuführen. Legen Sie eine Teppichfliese oder ein kleines Handtuch als Orientierungshilfe auf den Boden und bitten Sie Ihr Kind, sich darauf zu knien und aus einem Sprungseil oder einem ähnlich langen anderen Seil eine liegende Acht zu legen. Kinder, die noch keine Zahlen kennen, lassen Sie eine Brille legen. Allein das Legen dieser Form bereitet den Kindern sehr oft bereits Probleme. Helfen Sie Ihrem Kind, die Acht dennoch möglichst selbständig zu legen. Die Mitte der Acht, an der sich die Linien überschneiden, befindet sich vor der Körpermittellinie Ihres Kindes, die beiden Kreise sind aus der Sicht des Kindes rechts und links davon. Es ist darauf zu achten, daß die Acht auf der rechten und auf der linken Seite ungefähr gleich breit gelegt wird.

Dann fordern Sie Ihr Kind auf, dieser Acht mit den Fingern der einen Hand nachzufahren und sie auf dem harten Untergrund zu spüren, während es sich mit der anderen Hand abstützt. Dabei soll es mit den Augen die Bewegungen seiner Hand verfolgen. Sie können das Nachfahren und Spüren unterstützen, indem Sie Ihr Kind an der Hand führen. Knien Sie sich hinter Ihr Kind, und legen Sie Ihre Fingerspitzen auf seine Fingerspitzen, so daß der Daumen auf den Daumen, der Zeigefinger auf den Zeigefinger usw. kommt. Der übrige Handteil liegt nur leicht auf. Geben Sie einen leichten bis festen Druck auf die Fingerspitzen und führen die Acht gemeinsam mit Ihrem Kind aus. Reden Sie dazu nicht, denn Sie würden während des Führens Ihr Kind dadurch nur stören. Die Acht beginnt an ihrer Mitte, wo die Linien sich kreuzen, mit dem Schwung nach links oben, nie nach unten. Durch die feste Unterlage und den Druck auf die Fingerspitzen hat das Kind eine intensive Wahrnehmung. Das verbessert die Auge-Hand-Koordination und die Konzentration. Sie können diese Übung auch im Sand oder auf einem Teppich ausführen. Beides ermöglicht einen starken Tastreiz.

Wenn es mit dem Legen der Acht und dem Nachfahren mit den Fingern zurecht kommt, können Sie als weitere Entwicklungsstufe zu großflächigem Malen von liegenden Achten auf über ein Meter langen Computerausdrucken oder zusammengeklebtem Papier übergehen. Erst danach kann Ihr Kind liegende Achten ohne Widerstand und Orientierung selbständig in die Luft malen.

Wenn ich bei einem Kind Schwierigkeiten mit den Augenfolgebewegungen bei den liegenden Achten beobachte, dann stelle ich mich vor das Kind und helfe ihm, die liegenden Achten im Sitzen oder im Stehen in die Luft zu malen, indem ich seine Hand in die meine nehme und ihm dadurch den Widerstand gebe, den es braucht, um sich zu spüren. Ich beobachte genau, ob es mit seinen Augen den Bewegungen gleichmäßig folgt oder ob es springt. An den Stellen, an denen es springt, bleibe ich mit der Acht in der Luft stehen, bitte das Kind, seine Hand anzuschauen und stabilisiere diese Augenstellung durch gleichzeitiges Massieren der Augenpunkte. Dazu reibt das Kind oder ich mit dem Daumen auf der einen Seite und dem Zeigefinger und dem Mittelfinger auf der anderen die Augenpunkte. Sie befinden sich links und rechts vom Brustbein unmittelbar unter dem Schlüsselbein. Meist fällt dann die Augenbewegung leichter und anschließend auch das Lesen.

Vielleicht sind Sie bereit, diese kinesiologischen Übungen aufzugreifen. Beschränken Sie sich für den Anfang auf die Überkreuzbewegungen und die liegenden Achten auf dem Boden. Machen Sie die Bewegungen so oft, bis sie flüssig gehen. Mit der Zeit können Sie weitere Varianten zu den Überkreuzbewegungen in Ihr Programm aufnehmen und die liegenden Achten auf dem Boden durch liegende Achten in der Luft ersetzen. Führen Sie sie dann mit jeder Hand ungefähr fünfmal aus. Denken Sie daran, daß wenige langsam und bewußt ausgeführte Übungen mehr wert sind als mehrere schnell ausgeführte. Es ist wichtig, die Übungen

täglich oder zumindest fast täglich auszuführen. Daher ist es sinnvoll, wenn Sie ein kleines durchführbares Programm haben, bei
dem Sie mehrere Wochen lang durchhalten können. Mit der Zeit
brauchen Sie für die Überkreuzbewegungen und die liegenden
Achten nur noch wenige Minuten. Dann rate ich Ihnen, die sogenannten Energieübungen dazuzunehmen.

Sie setzen Energien frei und bringen Sie und Ihr Kind in ein besseres Gleichgewicht. Bei allen Energieübungen werden bestimmte
Körperpunkte gehalten oder massiert. Zuerst halten Sie und Ihr
Kind vier bis fünf Atemzüge lang die Erdpunkte. Dazu legen Sie
zwei Finger der linken Hand auf das Schambein und zwei Finger
der rechten auf die Unterlippe. Dann wechseln Sie etwa fünfmal
die Hände und aktivieren dadurch beide Seiten des Gehirns. Stellen Sie sich vor, daß Sie zwei Meter tiefe Wurzeln haben und ganz
fest stehen. Atmen Sie langsam und tief, und nehmen Sie die ein-
tretende Entspannung wahr.

Danach halten Sie auf die gleiche Weise mit der rechten beziehungsweise linken Hand im Wechsel die Raumpunkte. Sie befinden sich am Steißbein und an der Oberlippe. Versuchen Sie zu
spüren, daß Sie die Energie die Wirbelsäule hinauf atmen.

Anschließend massieren Sie und Ihr Kind mit der einen Hand
die Gehirnknöpfe, während die andere Hand den Bauchnabel
hält. Wechseln Sie wieder die Hände. Die Gehirnknöpfe befinden
sich direkt links und rechts vom Brustbein unterhalb des Schlüs-
selbeins und fanden bereits als Augenpunkte Erwähnung. Stimulieren Sie diese Punkte für 20 bis 30 Sekunden oder so lange, bis
sich eine eventuelle Schmerzhaftigkeit auflöst. Anfangs können
die Gehirnknöpfe empfindlich sein, diese Empfindlichkeit
schwindet nach einigen Tagen.

Die vierte Energieübung besteht im Massieren der Gleichge-
wichtspunkte mit zwei oder vier Fingern. Diese Punkte befinden
sich hinter den Ohren am Übergang zwischen dem Knochen und
dem weichen Gewebe am unteren Ende dieses Knochens. Diese
Übung hilft uns, ins körperliche und seelische Gleichgewicht zu
kommen.

Schließlich kommt noch das Energiegähnen und die Denkmütze. Beim Energiegähnen wird das Kiefergelenk massiert. Sie

finden es durch Öffnen und Schließen des Kiefers und gleichzeitiges Ertasten des Gelenkes mit den Fingerspitzen. Bitten Sie Ihr Kind, den Kopf bequem nach unten fallen zu lassen und so zu tun, als ob es gähnen müßte, indem es Gähngeräusche von sich gibt. Massieren Sie dabei sein Kiefergelenk. Das kann es natürlich auch selbst tun. Wiederholen Sie die Übung drei- bis sechsmal. Das Gähnen versorgt das Gehirn mit Sauerstoff und löst Spannungen in Kopf und Kiefer. Ihr Kind soll auch sonst nie ein Gähnen unterdrücken müssen, sondern nur die Hand vor den Mund halten. Der Körper braucht das Gähnen.

Bei der Denkmütze wird die Aufmerksamkeit auf die Ohren gelenkt. Benützen Sie Daumen und Zeigefinger, um die Ohrmuscheln sanft nach hinten zu ziehen und auszufalten. Die Massage beginnt bei der Ohrspitze und wird sanft nach unten hin ausgeführt, den Rundungen entlang bis zum Ohrläppchen. Es fällt dann leichter hinzuhören und wichtige von unwichtigen Tönen zu unterscheiden.

Sehen Sie auch zu, daß Ihr Kind beim Lernen nicht durstig ist. Bieten Sie ihm Wasser an. Wasser ist die für den Körper am schnellsten verfügbare Energie, denn es braucht nicht verdaut zu werden und ist ein ausgezeichneter Leiter für elektrische Energie. Unser Gehirn kann nur bei einer ausreichenden Wasserversorgung gut arbeiten, denn alle elektrischen und chemischen Reaktionen des Gehirns und des Zentralnervensystems sind abhängig von einer guten Leitung des elektrischen Stroms, wenn Nachrichten zwischen dem Gehirn und den Empfängerorganen hin- und hergegeben werden sollen. Andere Getränke sind nicht so gut geeignet, da sie erst noch verdaut werden müssen, ehe die Energie zur Verfügung steht.

Nach den Mittelübungen und den Energieübungen machen Sie zusammen mit Ihrem Kind abschließend die Cook-Übung. Mit ihr verbinden Sie alle Energiebahnen im Körper gleichzeitig und bringen die elektrische Energie in Fluß, wenn sie blockiert ist.

Setzen Sie sich bequem auf einen Stuhl. Kreuzen Sie das linke Bein über das rechte, so daß das Fußgelenk über dem rechten Knie liegt. Ergreifen Sie das linke Fußgelenk mit der rechten Hand und legen Sie die linke Hand um die Zehen des linken Fußes. Sie können die Übung ebenso andersherum machen und das rechte Bein über das linke Knie legen, mit der linken Hand das rechte Fußgelenk ergreifen und die rechte Hand um die Zehen des rechten Fußes legen. Bleiben Sie eine Minute lang so sitzen und atmen Sie tief durch. Wenn es Ihnen möglich ist, drücken Sie beim Einatmen die Zunge gegen den Gaumen und entspannen Sie sich beim Ausatmen wieder bewußt. Anschließend stellen Sie die Füße nebeneinander auf den Boden und führen die Hände so zusammen, daß sich die Fingerspitzen berühren. Bleiben Sie wieder eine Minute so sitzen und spüren Sie die Entspannung. Diese Übung verhilft zu einer positiveren Einstellung zu den danach anstehenden Hausaufgaben und erleichtert die Aufmerksamkeit.

Es mag sein, daß Ihnen diese Vorbereitung für die Hausaufgaben sehr lang erscheint. Tatsächlich nehmen die Mittellinienübungen und die Energieübungen, wenn Sie einmal damit zurecht kommen, nur eine Viertelstunde in Anspruch. Bedenken Sie auch, daß sich Ihr Kind nach einiger Zeit mit den Hausaufgaben leichter tut und dadurch die investierte Zeit wieder gewinnt. Suchen Sie gemeinsam mit ihm nach dem richtigen Zeitpunkt für ihre Durchführung. Vielleicht möchte es die Überkreuzbewegungen und die Energieübungen vor der Schule machen und die liegenden Achten und die Cook-Übung vor den Hausaufgaben und nach dem kurzen Spielen.

Vielleicht sind Sie skeptisch und können deshalb Ihr Kind nicht zum Mitmachen gewinnen, oder Ihr Kind bringt keine Bereitschaft mit, zusätzlich zu den Hausaufgaben Extraaufgaben zu leisten. Dann probieren Sie diese Übungen doch einmal für sich selber aus, erzählen in der Familie, wie es Ihnen dabei geht und machen sie und insbesondere Ihr Kind einfach neugierig. Vielleicht ist Ihr Kind schon so problembewußt, daß Sie ihm den Sinn und Zweck dieser Übungen in Hinblick auf seine Schulprobleme erklären können und ihm versichern, daß Sie ihm helfen werden.

Ich habe immer betont, daß es wichtig ist, daß Sie die Übungen gemeinsam mit Ihrem Kind machen. Und dies nicht nur, weil es Ihnen selbst guttut, sondern weil ich vermeiden möchte, daß die kinesiologischen Übungen von den Eltern so mißverstanden werden, daß das Kind nunmehr ohne ihre Hilfe allein für die Überwindung seiner Lernprobleme verantwortlich ist, da es nur in einem Buch nachschlagen muß, welche Übungen es für seine konkreten Schwierigkeiten braucht, um sie dann alleine durchzuführen.

Und während der Hausaufgaben die Füße auf ein Kastaniensäckchen?

Ein nur schwach ausgeprägtes Körpergefühl kann zu Problemen mit den schulischen Leistungen führen. So hilft umgekehrt alles gegen Schulprobleme, was eine verbesserte Körperwahrnehmung begünstigt. Was können Eltern ihrem Kind für die Zeit, in der es an seinem Schreibtisch sitzt, zusätzlich zu dem bereits Gesagten anbieten?

Es gibt Rollen zur Massage der Fußreflexzonen zu kaufen. Man kann sie unter den Schreibtisch legen und barfuß oder mit Socken die Füße darauf bewegen. Das verursacht einen intensiven Tastreiz und dadurch eine deutlichere Wahrnehmung des Körpers und bringt außerdem die Energiebahnen in Schwung. So kann die Fußmassage die Aufmerksamkeit und die Konzentration fördern.

Den gleichen Effekt kann man auch erzielen mit einem Kissenbezug, der mit Kastanien gefüllt wurde oder einer Fußwanne mit Kirschkernen oder Bohnenkernen. Nicht jedes Kind spricht darauf an, manchen ist dieser Reiz zu viel. Vielleicht mag Ihr Kind einfach ausprobieren, ob es diese Fußmassage mag. Es kann auch sein, daß es das Kastaniensäckchen auf seinen Schreibtischstuhl legt und sich darauf setzt. Warum nicht? Das Kastaniensäckchen hat eine ähnliche Wirkung wie die für unsere Absichten zweckentfremdete Auflage für den Autositz aus dicken Perlen.

Achten Sie darauf, daß Ihr Kind immer beide Füße, beide Arme, beide Ohren durch eine Massage anregt. Sonst kommt es bei seinem mangelhaften Körperbewußtsein zu einer zusätzlichen Verwirrung, weil es dann nur noch einen Fuß, nämlich den massierten, einen Arm usw. spürt.

Zur Verbesserung der Körperwahrnehmung eignen sich auch zwei Säckchen, die mit Reis oder vielleicht noch besser mit Aquariumsteinen gefüllt sind. Falls Sie selber solche Säckchen nähen wollen, wählen Sie als Maße für die fertigen Säckchen ungefähr 10 mal 4 cm. Verwenden Sie einen etwas festeren Baumwollstoff. Er soll stabil sein und doch so dünn, daß man den Inhalt des Säckchens noch durchfühlen kann. Nach dem Füllen werden die Säckchen zugenäht.

Diese Säckchen kann Ihr Kind sich unter den Po, in die Kniekehle oder unter den Oberschenkel schieben und sich spüren. Nach den Hausaufgaben wird es noch weitere Verwendungsmöglichkeiten finden: auf den Kopf legen und spüren, wieweit es ihn bewegen kann, ohne daß es herunterfällt, auf die Schulter legen und sie langsam heben und senken oder auch hochwerfen und wieder auffangen. Ihr Kind wird dieses Säckchen vielleicht auch einfach in der einen Hand kneten und drücken und dabei dem Knistern und Rieseln des Inhalts lauschen. Diese intensive Wahrnehmung mit der Hand trägt zum Abbau der körperlichen Unruhe bei und verhilft ihm gleichzeitig, neue Energien aufzubauen.

Im übrigen sorgen Sie für sein körperliches und seelisches Wohlbefinden und vermeiden unnötige Ablenkungen. Der Freund, der während der Hausaufgaben anruft, kann später zurückgerufen werden. Und der Fernseher sollte nicht im Hintergrund laufen. Aber das ist für die meisten sicher selbstverständlich.

Mehr können Sie in Hinblick auf die Arbeitsbedingungen und die Vorbereitungen für die Hausaufgaben nicht tun. Sie können jedoch in einem anderen Bereich noch unterstützend eingreifen: in der Art und Weise, in der der Lernstoff vermittelt wird.

Machen Sie den Lernstoff be-greifbar

Nehmen Sie das Be-greifen wörtlich. Von Anfang seines Lebens an hat Ihr Kind sich und seine Umwelt kennengelernt, indem es sie in die Hand und in den Mund genommen hat. Auf entsprechend hand-feste Weise hat es die Fähigkeit erworben, Hand-lungen zu verstehen und nachzuvollziehen. Diese Art zu lernen hat sich bewährt. In der Schule wird der Lernstoff jedoch meist nur über Erklärungen und bildliche Darstellungen vermittelt.

Bei immer mehr Kindern haben die Lehrer Schwierigkeiten, ihnen das Rechnen, Lesen und Schreiben mit den herkömmlichen Methoden beizubringen. Es liegt nahe, die von den ersten Lebenstagen an bewährte Art des ganzheitlichen Lernens auch bei der Vermittlung des schulischen Lernstoffs anzuwenden. Hier können Sie Ihr Kind vielfältig unterstützen. Ich werde Ihnen im folgenden eine größere Zahl von entsprechenden Möglichkeiten nennen und beschreiben. Wählen Sie den Weg aus, von dem Sie glauben, daß er Ihr Kind am meisten anspricht und der gerade am besten in die Situation paßt. Vermeiden Sie den Fehler, alles und damit zu viel mit Ihrem Kind zu machen.

Ich bemühe mich immer darum, einige wenige Ideen in meinem Kopf vorrätig zu haben und lege mir dazu in meinem Bastelfach das dafür notwendige Material bereit. Dann kann ich die Idee auch umsetzen, wenn ich die Gelegenheit für günstig erachte und muß nicht lange suchen, um am Ende festzustellen, daß ich das Klebeband gar nicht im Haus habe, das ich jetzt bräuchte.

Es ist sicher nicht sinnvoll, wenn Sie täglich neue Buchstaben und Zahlen mit Ihrem Kind üben. Damit würden Sie es überfordern, denn es braucht Zeit, bis es sich an die einzelnen Zeichen wirklich stabil erinnern kann. Verwenden Sie lieber unterschiedliche Möglichkeiten, um Ihrem Kind immer wieder das gleiche Zeichen begreifbar zu machen.

Bei der Auswahl der Buchstaben und Zahlen richten Sie sich nach den Bedürfnissen Ihres Kindes. Wenn es gerade in der ersten Grundschulklasse ist, so bieten sich die Zeichen an, die es gerade durchnimmt. Ansonsten greifen Sie diejenigen heraus, bei denen es Schwierigkeiten hat, weil es sie mit anderen Buchstaben verwechselt oder die Ausführung nicht flüssig ist. Diese Buchstaben und Zahlen wird Ihr Kind im Lauf der Jahre zwar auch so lernen, doch werden sie seine Aufmerksamkeit immer über Gebühr binden und damit belastend sein. Dieser Streß wird bei kinesiologischen Behandlungen offensichtlich. Denn bei dem bloßen Gedanken an bestimmte einzelne Zeichen schaltet der Testmuskel ab und macht eine Blockade im Energiehaushalt deutlich. Wenn mehrere Zeichen eine solche Blockade verursachen, so führt dies zu Schwierigkeiten beim Lesen, Schreiben und/oder Rechnen. Die unten beschriebenen Möglichkeiten des ganzheitlichen Lernens beugen der Entstehung solcher Blockaden vor und helfen, bereits bestehende Schwierigkeiten abzubauen. Doch genügt es nicht, allein diese Anregungen aufzugreifen, um einem Kind mit ausgeprägten Lernproblemen entscheidend zu helfen. Es benötigt eine umfassende Hilfe.

Nicht jedes Kind lernt Buchstaben und Zahlen mühelos

Das Erlernen von Buchstaben und Zahlen setzt verschiedene Fähigkeiten voraus. Das Kind muß die inhaltliche Bedeutung und die klangliche Entsprechung des schriftlichen Zeichens kennen, also den Buchstaben a mit dem Laut „a" verbinden. Es muß auch die verschiedenen Laute in ihrem Klang sicher auseinanderhalten können, sonst verwechselt es beispielsweise „Nagel" und „Nadel". Dann muß es in der Lage sein, ein Zeichen korrekt zu erkennen, richtig abzuschreiben und seine Form, die Richtung und die Reihenfolge, in der die einzelnen Linien und Bögen eines Buchstabens beziehungsweise einer Zahl ausgeführt werden, im Gedächtnis zu speichern. Wenn es hier zu einer Störung kommt, dann wird es vielleicht „b" und „d" oder „n" und „u" verwechseln. Oder es schreibt ein Zeichen in der falschen Arbeitsrichtung, weil es einen senkrechten Strich von unten nach oben statt von oben nach unten ausführt. Manche Kinder können das Bild eines Buchstaben nicht gut auflösen und verwechseln daher beim Lesen „rn" und „m". Häufig passiert es auch, daß ein Kind ein Zeichen als richtig oder falsch erkennt, aber nicht sagen kann, worin der Fehler liegt. Dann ist die Speicherung im Bewegungsgedächtnis gestört. Wieder andere Kinder – oder auch noch die gleichen – haben auf Grund von Raumorientierungsstörungen Schwierigkeiten, Reihenfolgen einzelner Zeichen nacheinander mit den Augen abzutasten.

Darüber hinaus ist es wichtig, daß beide Gehirnhälften zusammenarbeiten. Wenn die Integration nur mangelhaft ist, so kann sich ein Kind entweder schwerpunktmäßig um die Ausführung der einzelnen Zeichen kümmern oder aber um das gesamte Wortbild als zusammengehörende Einheit. Der äußere Eindruck und das Schriftbild sind dann enttäuschend und entsprechen nicht der Mühe, die das Kind aufgewandt hat.

Wenn auch nur eine der Voraussetzungen zum Erlernen von Buchstaben und Zahlen fehlt oder mangelhaft entwickelt ist, so kommt es zu Schwierigkeiten. Auf der Stufe des Erlernens der verschiedenen Buchstaben und Zahlen äußern sie sich in Verdrehungen und anderen Fehlern der Zeichenwiedergabe sowie in einem schlampig wirkenden Schriftbild. Später kommt es dann zu Rechtschreibproblemen und/oder Rechenfehlern.

Manche Kinder vertauschen beim Lesen und/oder Schreiben von mehrstelligen Zahlen die Reihenfolge der zu lesenden Ziffern. 64 wird dann zu 46, und schon entspricht das Rechenergebnis nicht der gestellten Aufgabe, obwohl das Kind sich aus seiner Sichtweise vielleicht gar nicht verrechnet hat. Nachteilig wirkt sich die Leseweise der deutschen Sprache aus. Zweistellige Zahlen werden von links nach rechts geschrieben, aber von rechts nach links gelesen, während die Hunderter wieder von links nach rechts gelesen werden. So ist beim Schreiben von Zahlen die Raumorientierung gekoppelt an das Wissen um die Menge und die Bedeutung der einzelnen Stellenwerte als Einser, Zehner und

Hunderter. Man könnte meinen, daß es für ein Kind mit solchen Schwierigkeiten hilfreich ist, bei der Zahlenschreibung für den Zehner eine Lücke zu lassen und erst den Einer zu schreiben. Das fällt ihm aber vermutlich genauso schwer, denn dieser Schritt setzt voraus, daß es weiß, was eine Lücke ist und wie groß sie sein muß. Für ein Kind mit Raumorientierungsstörungen kann dies eine unlösbare Aufgabe sein.

So kann sie jedes Kind begreifen

Im folgenden werde ich Ihnen zahlreiche Möglichkeiten vorstellen, Buchstaben und Zahlen für Ihr Kind körperlich erfahrbar zu machen. So beugen Sie Lernstörungen vor und helfen, wenn sie bereits bestehen. Ich habe immer wieder die eine oder andere Idee in die Tat umgesetzt und mich an neuen Ideen gefreut. Es ist für mich ein spielerischer Umgang mit den vielen Möglichkeiten. Ich gebe Ihnen viele Anregungen, damit Sie eine größere Auswahl haben. So können Sie eher einen Weg finden, der Ihrem Kind mit seinen individuellen Stärken und Schwächen das Erlernen von Buchstaben und Zahlen erleichtert, denn nur auf seinem Lernkanal kann es mühelos lernen.

Und nun zu meinen Anregungen: Machen Sie ein Spiel miteinander und malen sich gegenseitig mit dem Finger Buchstaben und Zahlen auf den Rücken und versuchen herauszufinden, welches Zeichen gemalt wurde. Führen Sie die Zeichen immer in der gleichen Weise aus und geben ihnen einen klaren Anfang und ein klares Ende. So kann Ihr Kind die Form, die Richtung und den Schreibfluß verinnerlichen und hat schließlich ein klares inneres Bild von ihnen. Sie können den Tastreiz erhöhen, indem Sie Niveacreme auf den Finger geben oder mit einer alten Zahnbürste auf die Haut malen. Stellen Sie im Verlauf des Spiels eine Verbindung zwischen diesem Zeichen und dem klanglichen Gegenwert und auch noch der inhaltlichen Bedeutung her. Das Spiel kann so aussehen: „Spür einmal genau. Ich male dir einen Buchstaben auf den Rücken. Rate, welchen ich male." „Das ist ein s." „Nicht ganz, aber so ähnlich. Spür noch einmal!" „Ah, das ist ein z. Das hat keine Rundungen, sondern spitze Ecken." „Sehr gut. Z wie Zitrone. Jetzt kommst du dran." Mit diesem Spiel helfen Sie Ihrem Kind, die richtige Schreibrichtung und Form eines Zeichens zu verinnerlichen, indem Sie Sinneskanäle in das Lernen einbeziehen, die im Schulalltag vernachlässigt werden.

Sehr sinn-reich ist auch die folgende Methode. Nehmen Sie einen Pappkarton und malen mit dem Bleistift einen großen Buchstaben oder eine Zahl darauf. Helfen Sie Ihrem Kind, mit einer Nadel oder mit Hammer und Nagel in regelmäßigen Abständen der Linie entlang Löcher in den Pappkarton zu stechen. Anschließend fühlen Sie mit ihm die Löcher. Das Erlebnis ist intensiver, wenn Ihr Kind die Augen schließt und Sie ihm sanft die Finger über das Papier fühlen. Vermag es mit Sicherheit den Buchstaben zu ertasten? Bei geschlossenen Augen ist die Kontrolle über das Auge nicht möglich, und wir sind weit mehr auf unser Körpergefühl angewiesen. So ist dies eine gute Übung zum Verbessern der Körperwahrnehmung.

Sie können Ihrem Kind auch vorschlagen, das Zeichen mit Nadel und Faden zu sticken. Dabei übt Ihr Kind wieder ganz nebenbei den Pinzettengriff, der die Koordination von Daumen und Zeigefinger fördert und über die Fingerkuppen eine besonders intensive Stimulation des Tastsinns ermöglicht. Sie können gemeinsam mit Ihrem Kind mehrere Karton-Buchstaben und Karton-Zahlen herstellen und auf diese Weise eine ganze Ausstellung zusammenstellen. Die gleiche Idee können Sie variieren, indem Sie die Zeichen auf ein Brett malen und den Linien entlang anschließend Nägel einschlagen.

Beobachten Sie, ob Ihr Kind wirklich die Fingerkuppen zusammenbringt, oder ob es mit den letzten Fingergliedern greift. Dann hat es eine weniger gute Wahrnehmung. Ermuntern Sie es, den Nagel bzw. die Nadel mit den Fingerkuppen zu halten. Wenn es ihm nicht gelingen mag, so beharren Sie nicht darauf, sondern regen es zu verschiedensten Tätigkeiten an, bei denen es den Pinzettengriff braucht, zum Beispiel zu einem Spiel mit Wäscheklammern. Reden Sie mit ihm aber nicht über Ihre Hintergedanken. Solcherlei Tätigkeiten in der Familie sollen ja Spaß machen und nicht offensichtliche Therapie sein.

Eine Buchstabenausstellung kann auch anders aussehen. Einem einzelnen Buchstaben werden verschiedene Begriffe zugeordnet, deren Bezeichnung mit diesem Buchstaben beginnt. Fertigen Sie ein Kärtchen mit einem Buchstaben oder einer Zahl und legen es in ein Körbchen. Dann suchen Sie gemeinsam mit Ihrem Kind Gegenstände, deren Bezeichnung beispielsweise mit einem „m" beginnt. Gehen Sie gemeinsam durch die Wohnung und legen Sie die Gegenstände hinein, oder blättern Sie mit Ihrem Kind in einem Katalog und lassen es die passenden Bilder ausschneiden. Durch den Vorgang des Schneidens wird der Vorgang um eine weitere körperliche Erfahrung erweitert. Loben Sie Ihr Kind, wenn es eine richtige Wahl getroffen hat. Im anderen Fall nehmen Sie den Gegenstand heraus und sagen ihm, daß das Wort nicht mit „m" anfängt. Übergehen Sie ansonsten den Fehler. Diese Anregung hilft Kindern, die Schwierigkeiten haben, den Klang bestimmter Buchstabenwerte auseinanderzuhalten. Sie hören beispielsweise keinen deutlichen Unterschied zwischen „nein" und „mein", der Bedeutungsunterschied ergibt sich für sie nur aus dem Sinnzusammenhang.

Es gibt noch weitere Möglichkeiten, Buchstaben und Zahlen körperlich erfahrbar zu machen. Sehr nett ist folgende: Sie stecken in ein Säckchen oder einen kleinen Kissenbezug einen Buchstaben oder eine Zahl aus Pappe oder aus Gebäck. Für Buchstaben gibt es das Russisch Brot. Legen Sie zu einem Buchstaben einen Gegenstand, der mit diesem Buchstaben anfängt. Zu einem A paßt ein Apfel. Ihr Kind soll raten, was in dem Säckchen versteckt ist. Sagen Sie ihm, daß zwei Dinge versteckt sind, von denen eines leicht kaputtgehen kann, und daß sie ihm gehören, wenn es die Lösung der Aufgabe ertastet hat. Es wird den Apfel ertasten und vielleicht auch an dem Geruch erkennen. Dann wird es den Buchstaben A erkennen. Dann darf es das Säckchen öffnen, den Buchstaben betrachten und genußvoll in seinen Mund stecken und auch den Apfel mit den Augen betrachten. Mit diesem Tastsäckchen sprechen Sie wirklich alle Sinne mit Ausnahme des Hörens und des Gleichgewichtsorgans an. Durch die Freude ist die Lernbereitschaft natürlich besonders groß.

Wenn Sie eine Zahl verstecken, so legen Sie eine entsprechende Anzahl von Gegenständen dazu.

Ein anderes Mal verstecken Sie einen Buchstaben oder eine Zahl aus Pappe oder Holz in einer Schüssel, die mit Erbsen, Reis oder Linsen gefüllt ist. Fordern Sie Ihr Kind auf, die Form des Buchstabens zu beschreiben oder den Buchstaben zu nennen, ehe es ihn mit den Augen betrachtet. Das gleiche gilt entsprechend für eine Zahl. Machen Sie doch auch hier ein Spiel daraus, indem Sie die Rollen wechseln und das Kind Ihnen eine Zahl zum Raten anbietet. Können Sie das gleiche auch mit der anderen Hand?

Oder Sie nehmen ein Blatt Papier und schreiben einen Buchstaben oder eine Zahl mit einer Höhe von ungefähr 10 cm. Diesen kann Ihr Kind dann ausgestalten, indem es Merkkleber auf die Linie klebt, mit den Fingerkuppen aus dem Wasserfarbkasten Fingerabdrücke macht oder kleine Stückchen geknülltes Papier auf den Buchstaben klebt. Zum Knüllen sollte es das Papier nach Möglichkeit im Pinzettengriff zwischen Daumen und Zeigefinger zusammenschieben.

Buchstaben und Zahlen kann man auch mit dem Gartenschlauch auf die Wiese spritzen oder mit der Schlagsahne auf den Kuchen, oder mit der Taschenlampe in der Dunkelheit an die Zimmerdecke schreiben. Großräumiges Malen erfordert eine ausgeprägte Augenbewegung in alle Richtungen, was wiederum beide Gehirnhälften anspricht.

Sie können Buchstaben und Zahlen auch mit der Bleischnur aus einer alten Gardine legen. Wenn Sie ein Sprungseil zur Hand haben, dann nehmen Sie dieses zum gleichen Zweck. Der Buchstabe beziehungsweise die Zahl ist anschließend so groß, daß Ihr Kind anschließend darüber krabbeln oder auch, abhängig von seinem Körpergeschick, auf einem Bein der Linie entlang hüpfen kann. Das unterstützt die Speicherung im Bewegungsgedächtnis. Statt des Sprungseils können Sie auch einmal Tesakrepp verwenden und ihn auf den Boden kleben. Er läßt sich anschließend wieder problemlos entfernen.

Haben Sie Ihr Kind schon einmal angeregt, gemeinsam mit seinen Freunden auf dem Boden einen Buchstaben oder eine Zahl durch eine entsprechende Lage ihrer Körper darzustellen? Ein weiteres Kind darf dann herausfinden, was für ein Buchstabe das sein soll.

Zuletzt möchte ich Ihnen die sogenannten Alphabetachten aus der Kinesiologie vorstellen, die beim Erlernen sämtlicher Buchstaben und Zahlen sehr wirksam sind und auch bei größeren Kindern und selbst bei Erwachsenen eine deutliche Verbesserung selbst bei bereits lange bestehenden Problemen ermöglichen. Bei den Alphabetachten wird jeweils ein Zeichen oder eine Zeichenkombination in eine liegende Acht geschrieben. Die Alphabetacht setzt die Fähigkeit voraus, die liegende Acht korrekt auszuführen. Erst dann macht sie einen Sinn.

Wenn Sie diese Anregung aufgreifen wollen, dann verfahren Sie ähnlich wie bei der liegenden Acht, die ich bereits ausführlich beschrieben habe, beginnen Sie jedoch nicht mit dem Legen eines Seils, sondern lassen Ihr Kind gleich auf ein sehr breites Papier oder an die Tafel malen. Wenn ihm dies gelingt, darf es die liegenden Achten mit der Hand in die Luft malen. Unterstützen Sie gegebenenfalls seine Hand, indem Sie sie mit der Ihren führen. Achten Sie bitte auf die Augenfolgebewegungen.

Machen Sie mit Ihrem Kind vor den Alphabetachten einige Überkreuzbewegungen mit den Armen und Beinen, weil sie die Integration der Gehirnhälften verbessern und damit die Ausführung der liegenden Achten erleichtern. Achten Sie darauf, daß Ihr Kind tatsächlich die Körpermittellinie kreuzt, sonst helfen die Achten nichts. Es ist bemerkenswert, wie schwer dies manchen Kindern fällt. Schimpfen Sie nicht, wenn auch Ihr Kind damit Schwierigkeiten hat. Nehmen Sie diese Schwierigkeit wortlos zur Kenntnis und helfen Sie ihm.

Zuerst soll es dreimal die liegende Acht malen und dabei mit dem Schwung nach oben anfangen. Nach dem dritten oder vierten Mal wird aus der Bewegung heraus ein Buchstabe in die Mitte der Acht geschrieben, und zwar in der Form, in der er geübt werden soll, als großer oder kleiner Buchstabe, in Druck- oder Schreibschrift. Sagen Sie gleichzeitig die klangliche Entsprechung des Zeichens, zum Beispiel „A wie Apfel". Machen Sie an jedem Tag nur für einen Buchstaben die Alphabetacht, dafür zwei-, dreimal hintereinander. Wiederholen Sie dieses Verfahren so lange, bis Sie oder Ihr Kind meinen, daß es diesen Buchstaben genügend geübt hat. Dann nehmen Sie sich den nächsten Buchstaben vor, bis Sie das Alphabet durchhaben.

In der gleichen Weise können Sie ganze Wörter in die liegende Acht schreiben, deren Rechtschreibung Ihr Kind sich nicht merken kann, oder auch Zahlen und Satzzeichen wie Fragezeichen usw., die Ihr Kind falsch schreibt oder bei denen der Schriftfluß hängen zu bleiben scheint. Lassen Sie Ihr Kind das ABC zusammenhängend in Schreibschrift schreiben. Dann werden Sie vermutlich schnell am Schriftbild sehen, ob Ihr Kind bei manchen Buchstaben mehr Schwierigkeiten hat als bei anderen.

Achten Sie bei der Ausführung der Alphabetachten auf die Augenfolgebewegungen, sie sind sehr wichtig. Wenn Sie Ihrem Kind nicht gelingen, dann stabilisieren Sie mit Hilfe einer sanften Massage der Augenpunkte die belastenden Augenstellungen, während das Kind in die jeweilig belastende Richtung schaut. Oder Sie unterstützen die Achter-Bewegungen der Augen durch eine gleichzeitige sanfte Massage der Augenpunkte.

Wo ist rechts und wo ist links?

Manche Kinder verwecheln länger als andere rechts und links. Sie begreifen auch lange nicht, daß das, was für den einen links ist, für sie rechts sein soll, weil ihnen nicht klar ist, daß sich die Bezeichnungen rechts und links immer auf den eigenen Körper beziehen. Sie spüren ihren Körper nicht so deutlich, daß sie ihn und damit sich als stabilen Bezugspunkt wahrnehmen können. Daher fällt es ihnen schwer, von ihrem eigenen Körper aus zeitliche und räumliche Beziehungen aufzubauen. Daher haben Kinder, die dazu neigen, rechts und links zu verwechseln, auch oft Probleme mit den anderen Dimensionen. Die Worte „vorne" und „hinten", „davor" und „daneben", „vorher" und „nachher", „oben" und „unten", „über" und „unter" sind für sie in der Bedeutung oft verwirrend und daher ängstigend.

Unsicherheiten in der Raumorientierung haben für den Schulalltag vielfältige unangenehme Folgen. Das Verwechseln von rechts und links begünstigt unter anderem Rechtschreib- und Rechenfehler. Eine unklare Vorstellung von räumlichen Beziehungen kann dazu führen, daß ein Kind nur mit Mühe die Stelle im Heft, an der Tafel und im Buch wiederfinden, an der es gerade arbeiten soll. Beim Lesen verliert es leichter die Zeile als Kinder, die hier keine Schwierigkeiten haben. Außerdem wird sich ein solches Kind leichter verlaufen und nach dem Gang zur Toilette eine Weile im Schulhaus herumlaufen, bis es seine Klassenzimmertüre gefunden hat. Auch die Arbeitsrichtung kann Schwierigkeiten bereiten. Dann schreibt ein Kind beispielsweise in der ersten Zeile von links nach rechts und in der zweiten von rechts nach links, weil es nach dem Schreiben der ersten Zeile am hinteren Zeilenende ist und von hier aus gleich weiterschreibt.

Es ist den Lehrern der Schulanfänger klar, daß viele Kinder anfangs Schwierigkeiten haben, rechts und links sicher zu unterscheiden. In der ersten Grundschulklasse befestigen Lehrer oft eben aus diesem Grund in der ersten Zeit in der Zimmerecke links von der Tafel ein Schild mit links und in der Ecke rechts von der Tafel eines mit rechts. Das kann für die Kinder aber nur rechts und links sein, wenn die Tische so stehen, daß die Blickrichtung der Kinder zur Tafel hin zeigt. Einige Lehrer geben den Kindern sogar für ein paar Tage ein farbiges Bändchen an die linke oder rechte Hand. Das ist ein guter Ansatz und reicht vermutlich für die meisten Kinder als Hilfe aus. Aber nicht für alle.

Ohne einen übermäßig großen Aufwand können Sie diesem Problem zu Hause begegnen. Markieren Sie im Zimmer Ihres Kindes rechts und links durch unterschiedliche Farben oder Aufkleber. Suchen Sie gemeinsam mit Ihrem Kind zwei Farben aus, die ihm gefallen, und verwenden Sie immer die gleiche Farbe für die gleiche Seite. Achten Sie darauf, daß Sie nur solche Dinge kennzeichnen, die für das Kind immer rechts bzw. links sind, weil sich rechts und links nur von seinem Platz aus definieren. Für eine Kennzeichnung eignet sich zum Beispiel die rechte und die linke Seite vom Schreibtisch, vom Fensterrahmen und von der Türe. Wenn Sie die Türe zum Kinderzimmer auch von außen kennzeichnen wollen, dann ist rechts dort, wo innen links ist. Sehen

Sie zu, daß die Kennzeichnung eindeutig ist und nicht von der falschen Seite aus gesehen werden kann.

Ich schlage Ihnen als Farben in Anlehnung an die Ampelfarben grün und rot vor. Das sind Farbsymbole, die den Kindern bereits vertraut sind. „Grün" bedeutet „losgehen", „rot" bedeutet „stehen bleiben". Da die Schreibrichtung von links nach rechts verläuft, ist es sinnvoll, dem Beginn, also der linken Seite, die Farbe für das „Gehen" zuzuordnen und dem Ende, also der rechten Seite, die Farbe für das Anhalten. Befestigen Sie jeweils links eine grüne Kennzeichnung und rechts ein rotes. Bei einem rot/grün-schwachen Kind nehmen Sie natürlich andere Farben. Wenn Ihr Kind aber andere Farben viel lieber hat, dann gehen Sie auf seinen Wunsch ein.

Die Unsicherheit in der Unterscheidung von rechts und links im Raum wiederholt sich in der Unsicherheit bei der Arbeitsrichtung im Heft und auf dem Arbeitsblatt. Daher ist es von Vorteil, wenn sich die einmal ausgewählte Farbe für rechts und links auf jeder einzelnen Heftseite und auf jedem Arbeitsblatt als seitlicher Strich wiederholt. Sie können mit Ihrem Kind auch bestimmen, daß es immer auf der Seite der Zeile mit dem Schreiben beginnt, an der sich ein kleiner Stern befindet.

Bevor Sie in die Hefte oder Arbeitsblätter Ihres Kindes malen, besprechen Sie mit dem Lehrer Ihre Überlegungen und vergewissern Sie sich seiner Unterstützung. Er bemüht sich zweifelsohne um die bestmögliche Unterrichtung Ihres Kindes und wird es nicht schätzen, wenn Sie seine Regelungen für die Heftführung eigenmächtig abändern.

Zur Kennzeichnung von rechts und links eignen sich auch zwei kleine Säckchen in den festgelegten Farben. Wenn Sie sich für grün als Symbol für links und rot als Symbol für rechts entschieden haben, dann nimmt Ihr Kind das grüne Säckchen immer in die linke Hand, oder legt es auf oder unter das linke Bein, und das rote in die rechte Hand oder auf bzw. unter das rechte Bein. Die Zuordnung der Farben wird dadurch ganz wörtlich zu einer nachdrücklichen und be-greifbaren Information. Ich weiß von Kindern, die auf den Rat ihres Therapeuten zwei solche Säckchen in der Schule unter der Bank griffbereit haben dürfen. Sie holen sie mit dem Einverständnis des Lehrers heraus, wenn sie das Bedürfnis verspüren, mit den Beinen herumzuzappeln und auf dem Stuhl zu kippeln. Dann kneten sie sie in den Händen oder legen sie unter den Po, die Oberschenkel oder in die Kniekehle und führen sich so die Sinnesreize zu, die ihnen sonst die körperliche Unruhe vermitteln würde. Ich habe in einem anderen Kapitel bereits beschrieben, wie Sie solche Tastsäckchen fertigen können.

Sehr schön ist es natürlich, wenn der Lehrer Ihres Kindes den Gedanken der Markierungen für das Klassenzimmer und seine Unterrichtsmethode übernimmt und für mehrere Monate durchhält. Dann ist die Markierung zu Hause selbstverständlicher oder erübrigt sich sogar, falls die Stütze in der Schule für Ihr Kind ausreichend ist. Diese Markierungen sind für Kindern mit Wahrnehmungsproblemen eine wichtige Stütze. Eine wesentliche Hilfe wird ihnen aber nur dann zuteil, wenn ihnen auch beim übrigen Lernen Bewegungen und die Verwendung möglichst verschiedener Sinne ermöglicht wird. Bei ausgeprägten Störungen brauchen Kinder zusätzlich Therapie.

Filmdöschen helfen beim Erlernen der Rechtschreibung

Als ich als kleines Mädchen die erste Schulklasse besuchte, deutete die Lehrerin mit einem Zeigestab auf einen Ball und sagte dazu „Ball". Doch war das kein echter Ball, sondern die Abbildung eines Balles. Darunter stand das Wort Ball. So lernte ich zu lesen und zu schreiben. Sicher hat sich daran einiges geändert. Die Lehrer sind bemüht, den Schülern mehr Aktivität zu ermöglichen. Manche Lehrer verwenden beispielsweise ein Leselotto, bei dem die Kinder einem Bild das passende Wort zuordnen sollen. Doch ist die sinnliche Wahrnehmung für das Kind eingeschränkt. Einige beziehen die Verwendung von Filmdöschen in ihren Unterricht ein. Ich will Ihnen beschreiben, wie sie das machen. Die Idee können Sie in Ihrer Familie als Spielanregung aufgreifen.

Die Verwendung von Filmdöschen ermöglicht das Einbeziehen weiterer Sinneskanäle in den Lernprozeß. Der Lehrer steckt in das Filmdöschen beispielsweise eine Nudel und verschließt den Dekkel. Dann klebt er einen Zettel auf die Dose und schreibt das Wort Nudel darauf. Mit kleinen farbigen Bögen unter den Silben kann gleich die Silbengrenze markiert werden. Am linken Rand des Zettels befindet sich wieder ein grüner Punkt und am rechten ein roter.

Das Kind wird die Dose in die Hand nehmen, etwas schütteln, das Gewicht wahrnehmen, dem Geräusch lauschen, die Aufschrift lesen und vielleicht auch noch die Dose öffnen, hineinschauen und den Deckel wieder verschließen. In Ihrer Familie können Sie daraus ein Hör-Memory machen. Verwenden Sie undurchsichtige Filmdöschen und kleben Sie den Zettel mit der Bezeichnung des Inhalts unter die Dose. Füllen Sie immer zwei Döschen mit dem gleichen Inhalt. Dann sind die zwei Döschen mit der Nudel und die zwei mit dem Nagel usw. als Paare herauszufinden. Nach erfolgreichem Finden des Paares darf der glückliche Finder raten, was in dem Filmdöschen ist und anschließend in die Dose hineinschauen, sie schütteln, den Geräuschen lauschen und natürlich auch die Aufschrift lesen.

Voraussetzung für eine richtige Schreibweise ist unter anderem das richtige Hören der Einzellaute eines Wortes. Auch hier können Filmdöschen eingesetzt werden. Nehmen Sie jetzt durchsichtige Filmdöschen und kleben Sie auf jedes Döschen ein Zettelchen. Schreiben Sie darauf von jeweils einem Buchstaben die Großschreibung und die Kleinschreibung in Druck- und in Schreibschrift. Schreiben Sie die beiden groß geschriebenen Buchstaben in einer Farbe und die beiden klein geschriebenen in einer anderen. Diese Farben sollten nicht den Farben entsprechen, die Sie für rechts und links ausgewählt haben. Die Buchstaben werden auf allen Döschen in den einmal verwendeten Farben geschrieben.

Nun schauen Sie nach kleinen Gegenständen. Da gibt es zum Beispiel aus Kunststoff winzige Tierchen. In den Krimskrams-Fächern der meisten Kinder finden sich einige kleine Sachen, die in ein Filmdöschen passen können. Sammeln Sie einiges in einem Körbchen und machen dann wieder ein Spiel. Die Aufgabe besteht darin, jedes Ding mit Namen zu benennen und den Anfangsbuchstaben zu erkennen. Dann ist das dazu passende

Döschen herauszusuchen und der Gegenstand hineinzugeben. Das Spiel ist fertig, wenn Sie eine festgelegte Anzahl von Gegenständen in die passenden Döschen gesteckt haben. Richten Sie sich nach der Konzentrationsfähigkeit Ihres Kindes und lassen Sie ihm Zeit, die notwendigen Handgriffe selbständig und ohne unerwünschte Mithilfe auszuführen. Das ist Teil des Lernens. Versäumen Sie nicht, Ihr Kind zu loben und ihm Mut zu machen.

Lesen könnte für alle einfach sein

Kennen Sie Kinder, die alle Buchstaben einzeln lesen können, aber nicht in der Lage sind, ein Wort oder gar einen Text flüssig und mit Verständnis zu lesen? Sie haben natürlich auch keinen Spaß am Lesen und ermangeln dadurch der Übung, die Gleichaltrige inzwischen bekommen, weil sie Freude am Lesen haben und daher auch gelegentlich zu einem Buch greifen.

Wenn sie lesen sollen, dann gelingt es ihnen kaum, zwei Buchstaben zusammenzuziehen. Sie sagen für die Silbe ba nicht „ba", sondern „b" und „a". Dazwischen setzen sie ab, als ob sie nur Einzellaute aneinanderreihen würden. Sie geben sich dabei größte Mühe, das Gesicht verspannt sich oft und die Hände werden schwitzig. Und doch begreifen sie nicht, wie sie zwei Buchstaben zusammenziehen sollen.

Es hilft auch nichts, mehrfach mit vielen Worten zu erklären, daß die beiden Buchstaben einfach zusammengelesen werden sollen. Denn genau das tut ja das Kind. Da aber der erste Laut beim Zusammenlesen anders klingt, als wenn er einzeln gelesen wird, gelingt das Zusammenlesen nicht so, wie es vom Kind erwartet wird. Dabei gehe ich davon aus, daß die Buchstaben nur in ihrer klanglichen Bedeutung gelesen werden und nicht in der Art, in der sie später üblicherweise benannt werden.

Ein b heißt also „b" und nicht „be". Das „b" klingt aus durch ein abgeschwächtes e. Das ist durch das plötzliche Öffnen der Lippen zu erklären, das nach dem Zusammendrücken der Lippen den Mund in eine leicht geöffnete Stellung bringt. Wenn gleich im Anschluß an ein b ein a gelesen werden soll, so gehen die Lippen mit weniger Druck auseinander, und der Mund ist erheblich stärker geöffnet. In dieser Mundstellung wird sogleich nach dem Verschlußlaut ein „a" gebildet. Das abgeschwächte e erscheint nicht mehr. Es ist sehr hilfreich, Kinder auf diesen Unterschied zwischen dem Lesen einzelner Buchstaben und dem Zusammenlesen von Buchstaben hinzuweisen.

Wenn ein Kind Schwierigkeiten hat, so ist es mit einer Erklärung durch Worte absolut nicht getan. Wichtig ist, daß Sie als Eltern diesen Unterschied kennen und praktisch mit ihm umgehen können. Fühlen Sie in sich hinein, ob Sie es sich zutrauen, die folgenden Anregungen selbst umzusetzen oder ob Sie es vorziehen, einen Logopäden um seine Unterstützung zu bitten (vgl. So lernst du lesen und schreiben, Hilfen für Legastheniker, Deutsch-Training von M. Kretschmann).

Wenn Sie es sich selber zutrauen, dann lassen Sie Ihr Kind diesen Unterschied spüren. Verbinden Sie erst einmal einen Konsonanten mit einem Vokal. Ich wähle aus den vielen möglichen Lautverbindungen die Silbe ba aus, um bei dem obigen Beispiel zu bleiben. Bitten Sie Ihr Kind, seine Mundbewegungen genau zu beobachten, wenn es die Lippen zu einem „b" formt. Dabei soll es noch keine Stimme dazu geben, sondern wirklich nur die Mundbewegungen ausführen und sein Gesicht im Spiegel beobachten. Eigenes mangelhaftes Körpergefühl wird ergänzt durch die Informationen, die der Spiegel liefert. Ihr Kind wird deutlich wahrnehmen, wie sich die Lippenstellung verändert, und daß sich auch die Muskelspannung in den Backen ändert. Durch das Ausatmen wird der Spiegel beim Lautieren vom „b" leicht angehaucht, wenn er nahe genug am Mund ist. Beim Lautieren von „m" wäre das beispielsweise nicht möglich.

Während Ihr Kind den Mund formt und seine Bewegungen erspürt und beobachtet, fordern Sie es auf, sich mit seinem inneren Ohr den Klang vorzustellen. Es wird innerlich ein „b" hören, obwohl es keinen Laut von sich gibt. Erst jetzt bitten Sie es, seine Stimme dazu zu geben und „b" zu sagen.

Kinder, die nur schwer manche Laute auseinander halten können, wenn sie sie hören, tun sich leichter, sie als einzelne Laute zu erkennen, wenn sie einen Laut nicht nur mit ihren Ohren hören, sondern auch mit dem Tastsinn und dem Körperstellungssinn spüren, wie er gebildet wird. Eine zusätzliche Hilfe ist es für sie, wenn sie sich den Laut über das innere Hören vorstellen und obendrein die optische Kontrolle durch einen Spiegel haben. Auf dieser Grundlage ist es ihnen anschließend sicherer möglich, die einzelnen Laute ohne alle diese Hilfen auch beim Schreiben und Lesen von Texten auseinanderzuhalten.

Manche der als Leichtsinnsfehler betrachteten Fehler haben ihre Ursache in einer mangelhaften Fähigkeit, den Lautwert einzelner Buchstaben sicher zu erkennen. Dem wird auf diese Weise entgegengewirkt.

In Anschluß an das „b" soll Ihr Kind nun „a" lesen. Verfahren Sie hier genauso wie beim „b". Lassen Sie Ihr Kind die Lippenstellung, den Öffnungswinkel des Mundes und die Stellung der Zunge bewußt wahrnehmen. Der Spiegel ist eine hervorragende Stütze dabei. Der Blick in den Spiegel ist weit wertvoller als der Blick auf den Mund der Mutter, die das „a" vormacht. Ihr Kind sieht den eigenen Mund und bekommt bei den geringsten Veränderungen sofort eine körperlich spürbare und gleichzeitig im Spiegel sichtbare Rückmeldung. Doch ist es klar, daß Sie Ihr Kind bei diesem Lernprozess begleiten müssen und nicht mit dem Spiegel allein lassen können. Machen Sie es aufmerksam auf Veränderungen oder fragen Sie es, was es alles wahrnimmt. Wiederum soll das Kind das „a" erst mit dem inneren Ohr hören und danach erst die Stimme dazu geben.

Nun kommt der entscheidende Schritt, denn das Zusammenlesen der beiden Buchstaben steht an. Erklären Sie ihrem Kind, daß das „b" bei „ba" ein besonderes „b" ist. Die Lippen öffnen sich gleich in Anschluß an das Formen des „b" zu einem „a" und nehmen nicht erst die Ruhestellung ein. Das Lesen der Silbe „ba" können Sie dann in folgende Einzelschritte aufteilen: Zusammendrücken der Ober- und Unterlippe, Öffnen der Lippen und sofort anschließendes weites Öffnen des Mundes zu einem „a" und gleichzeitiges Herunterbewegen der Zunge aus der Mundmitte nach unten.

Wenn Ihr Kind Schwierigkeiten mit dem Lesen hat, so ist anzunehmen, daß es Informationen schlecht umsetzen kann, die es nur über die Augen und Ohren aufnimmt. Umgehen Sie diese Schwachstelle durch den Einsatz der anderen Sinneskanäle. So kann es den Anschluß in der Klasse behalten und bleibt nicht an einer Schwierigkeit hängen. Gleichzeitig geben Sie dem Gehirn eine Möglichkeit, diese Schwachstelle durch das Einbeziehen anderer Sinneskanäle zu reparieren.

Es ist nämlich so, daß sich dann bei Ihrem Kind mit der Zeit die Fähigkeit herausbildet, auch nur über die Augen und Ohren aufgenommene Informationen zu speichern. Diese Fähigkeit ist in der ganzen Schulzeit von entscheidender Bedeutung. Wenn also ein Kind mit dem Lesen Probleme hat, so ist es durchaus möglich, daß es in der Schule immer wieder Probleme bekommt, die mit den gleichen Ursachen zu erklären sind, die dem Leseproblem zugrunde liegen, auch wenn zunächst der Zusammenhang nicht offensichtlich ist. Daher müssen anfängliche Schwierigkeiten ernst genommen werden.

Die hier beschriebene Lernmethode eignet sich nicht nur für Kinder mit Schwierigkeiten im Bereich des Hör- und Sehgedächtnisses. Sie spricht alle am Sprechen und Lesen beteiligten Sinneskanäle an und ermöglicht dadurch allen Kindern, egal welche Gedächtnisstruktur sie mitbringen, das sichere Erlernen des Lesens. Die herkömmliche Lernmethode setzt voraus, daß alle Schüler die gleiche Begabungsstruktur haben mit dem Schwerpunkt im Hör- und Sehbereich. Das ist jedoch ein gravierender Irrtum.

Der hier beschriebene Weg schließt niemanden als unbegabten Sonderling mit einem Brett vor dem Kopf aus. Tatsächlich ist es so, daß leseschwache Kinder oftmals außerordentlich hochbegabt sind. Die Defizite gleichen sie durch andere Begabungen aus. Es ist für sie von grundlegender Bedeutung, ausreichend Gelegenheit zu bekommen, von ihren Stärken Gebrauch zu machen, damit sie in der Schule mitkommen können. Es ist zu wünschen, daß Eltern und Lehrer auch dann in einem Kind einen intelligenten jungen Menschen sehen, wenn es bei einem Intelligenzquotienten von 100 einen Text nur mit Mühe vorzulesen vermag.

Das Ergebnis von Intelligenztests ist oft mit einer gewissen Skepsis zu beurteilen. Kinder, denen das Zusammenlesen nach der Unterrichtung durch die herkömmliche Methode erhebliche

Schwierigkeiten bereitet, werden oft auf Grund eines Intelligenztests an Sonderschulen überwiesen. Ich bezweifle, daß bei ihnen regelmäßig eine fundierte Leistungsdiagnostik durchgeführt wird. Ein Intelligenztest hat im Rahmen einer Therapie seine Berechtigung und gibt dem Therapeuten wichtige Anhaltspunkte. Für die Schule und den Unterricht stellt er meines Erachtens keine konstruktive Information dar. Intelligenztests dürfen nicht mißbraucht werden, um intelligente Schüler mit Teilleistungsschwächen aus der Regelklasse auszuschließen.

Wie können Eltern die beschriebene Lernmethode in ihren Alltag umsetzen? Eltern haben die Möglichkeit, ihr Kind von Anbeginn seiner Schulzeit an beim Lesenlernen zu begleiten, indem sie in der beschriebenen Weise den Lernprozeß ergänzen. Das beugt Leselernproblemen vor oder schwächt sie ab. Vielleicht ergibt sich gelegentlich eine Situation, in der sie ihrem Kind spielerisch die Körperempfindungen bewußt machen können, die es beim Sprechen einzelner Laute hat. Andere Male wird ihr Kind eine Frage stellen, die eine entsprechende Antwort ermöglicht, zum Beispiel wenn es fragt, ob „Eimer" mit einem „m" oder einem „n" geschrieben wird.

Oder es hat schon lange deutliche Probleme mit dem Lesen. Vielleicht kommt es hinreichend zurecht, wenn es für sich leise liest. Dann braucht es beim Lesen nicht die einzelnen Laute mit dem Mund zu formen, und der holprige Lesefluß fällt nicht auf. Beim Vorlesen wird seine Leseschwäche aber allen deutlich. Besonders schlimm ist es dann, wenn andere lachen, dumme Bemerkungen machen und keine Geduld aufbringen. Auch wenn ein Kind schon lange unter seiner Leseschwäche leidet, wird ihm und damit auch seinen Eltern die beschriebene Methode eine große Hilfe sein können. Wenn es dann auf einmal begreift, wie das Lesen vor sich geht, so wird es vielleicht erleichtert ausrufen: Ach, so geht das!

Diese Methode hat Marlis Kretschmann entwickelt, die auch Autorin des Buches „So lernst du lesen und schreiben, Hilfen für Legastheniker, Deutsch-Training" ist. Sie unterhält ein Kurheim, in dem sie in meist wiederholten sechswöchigen Kuraufenthalten teilleistungsgestörten Kindern unterschiedlichen Alters Hilfe zu leisten vermag. Zahlreiche Therapeuten sowie auch Eltern, die davon erfahren haben, empfehlen ihre Kinder zusätzlich zur Ergotherapie oder Mototherapie an diese Adresse, denn sie erhalten dort ein ihren individuellen Schwierigkeiten angepaßtes Lese-, Schreib-, Rechen- oder Vokabeltraining und können damit wenigstens die für das schulische Fortkommen belastendsten Lücken schließen. Im übrigen verweise ich auf den Legasthenikerverband und auf Logopäden (vgl. Adressen im Anhang).

Zusätzliche Stützen für die Rechtschreibung

Angenommen Ihr Kind schreibt immer wieder" Zahn" ohne „h" oder „Beet" mit einem „e", obwohl es diese Wörter schon viele Male ins Heft schreiben mußte, um sie sich einzuprägen. Entsprechend den Methoden für das Einschleifen von Buchstaben und Zahlen können Sie sie Ihr Kind ganze Wörter mit Fingerfarben auf Papier oder mit einem Stock großräumig in den Sand malen oder sie auch in eine liegende Acht schreiben lassen. Die Mehrzahl der Anregungen, die ich Ihnen für die einzelnen Zeichen gegeben habe, eignen sich auch für das Einprägen der Rechtschreibung.

Wenn Kinder ein Wort wiederholt falsch schreiben, dann haben sie unter anderem die richtige Anzahl von Buchstaben nicht in ihrem Gehirn gespeichert. Sie schreiben sie dann so, wie sie sie hören. „Beet" wird dann „Bet" und „Zahn" „Zan". Da Kinder mit Rechtschreibproblemen oftmals die unterschiedlichen Klänge einzelner Laute schlecht auseinanderhören können, ist für sie die Speicherung der richtigen Anzahl von Buchstaben wesentlich. Vielleicht klingt für ein Kind, das „Beet" als „Bet" schreibt, das e in beiden Wörtern gleich. Aus dem Klang des Vokals kann es nicht unbedingt zuverlässige Rückschlüsse auf die Schreibweise ziehen.

Und so können Sie Ihrem Kind helfen, sich die Buchstabenzahl zu merken. Lassen Sie es aufstehen und hüpfen Sie gemeinsam mit ihm, für jeden Buchstaben einmal. Sprechen Sie dazu die

Buchstaben, für die Sie hüpfen. Durch die Bewegung kann es gleichzeitig neue Energien aufbauen, die es zum Lernen braucht.

Auch mit der folgenden Methode können Sie Ihrem Kind helfen, sich die Rechtschreibung einzuprägen. Schreiben Sie auf ein Papier das Wort „Zahn" oder „Beet" von links nach rechts in der üblichen Schreibrichtung. Lassen Sie Ihr Kind das gleiche Wort zusätzlich von oben nach unten schreiben, wobei der Anfangsbuchstabe des horizontal geschriebenen Wortes wieder verwendet wird. Diese Methode gibt durch die senkrechte Anordnung der Buchstaben eine zusätzliche Information zu der üblichen horizontalen. Vielleicht kann sich Ihr Kind ein Wort so leichter merken.

Gehört Ihr Kind zu den Kindern, die mit der Groß- und Kleinschreibung unsicher sind? Es kann mit den trockenen Regeln für die Groß- und Kleinschreibung einfach nichts anfangen. Vielleicht kennt es die Regeln vom Wortlaut her und kann sie sagen. Das heißt aber nicht, daß es auch ein inneres Bild von der Bedeutung der Regeln hat und dadurch ein Regelbewußtsein entwickeln kann.

Ich kann Ihnen eine sehr kindgemäße und einleuchtende Art nennen, um Schülern der ersten und zweiten Grundschulklasse den Unterschied klar zu machen. Ich gehe von einer Kinderschar und ihrer Mutter aus. Die Mutter geht voraus und ist die einzige Große. Die kleinen Kinder folgen ihr alle. Die Mutter ist groß und schwingt mehrere Male ein Lasso in der Luft über sich und wirft es schließlich aus über alle ihre Kinder.

Ich bitte die Kinder, sich diese Mutter mit den Kindern vorzustellen und lasse sie in groß ausgeführten Buchstaben „Mutter" schreiben. Dann sollen sie mehrfach mit dem Lasso über dem „M" kreisen, indem sie mit dem Stift entsprechende Bewegungen auf dem Papier ausführen. Anschließend führen sie einen größeren Schwung aus und fangen die kleinen Buchstaben mit dem Lasso ein.

Wenn Sie Ihr Kind auf diese Weise die Großschreibung am Wortanfang erleben lassen, wird es begreifen, daß ein großer Buchstabe nur am Wortanfang geschrieben wird und daß auch nur solche Wörter mit einem großen Buchstaben beginnen, die einen Begleiter haben, so wie in unserem Beispiel die Kinder von der Mutter begleitet werden. In den ersten Klassen werden die Artikel „der", „die" und „das" „Begleiter" genannt. So können Kinder gleichsam einsehen, daß alle Substantive und Eigennamen mit einem großen Buchstaben beginnen. Die Demonstration mit dem Lasso läßt sich auch auf das erste Wort eines Satzes übertragen, dem alle anderen Wörter nachfolgen. Insbesondere jüngere Schulkinder haben an dieser Veranschaulichung Spaß.

Natürlich könnten Sie auch für die Groß- und Kleinschreibung Farben einsetzen oder die unterschiedlichsten Materialien verwenden. Nehmen Sie einen vergrößerten Text, der ausreichend Zwischenraum hat, um farbige Kennzeichnungen oder Material hinein zu legen oder zu kleben. Ich denke etwa an Reiskörnchen, die Sie mit unterschiedlichen Farben eingefärbt haben, oder an kleine Beeren oder Blättchen aus dem Garten.

Suchen Sie gemeinsam mit Ihrem Kind die Großbuchstaben und kennzeichnen sie. Die Satzanfänge und die einzelnen Wortanfänge werden in unterschiedlicher Weise hervorgehoben. Wenn Ihr Kind schon älter ist und weitere Regeln für die Groß- und Kleinschreibung kennen sollte wie beispielsweise das „Sie" für die Anrede oder andere Besonderheiten der deutschen Rechtschreibung, so verwenden Sie hierfür wieder eine andere Form der Hervorhebung.

In ähnlicher Weise können Sie Ihrem Kind auch die Regeln von Satzzeichen begreifbar machen.

Bei dieser Art des Lernens werden wieder mehrere Sinneskanäle angesprochen. Die Augen sehen nicht nur Zeichen in Schwarz oder Blau auf Papier, sondern auch noch andere Farben, die zudem bedeutungsunterscheidend sind. Die Kinder können das Material fühlen und müssen koordinierte Bewegungen ausführen, um die Markierungen an der richtigen Stelle zu anzubringen.

Diese sowie einige andere wertvolle Anregungen habe ich dem Buch „Lernen kann phantastisch sein" von Barbara Meister-Vitale entnommen. Dieses Buch weist Möglichkeiten auf, Kinder mit Dominanz der rechten Gehirnhälfte so zu unterrichten, daß sie den Lernstoff aufnehmen können. Es versteht sich als Ergänzung zu der gängigen Unterrichtsweise, die überwiegend die Fähigkeiten der linken Gehirnhälfte anspricht.

Beim Schreiben hilft es, innerlich das Wort mitzulesen, das gerade geschrieben werden soll. Manche Kinder sind in Gedanken während des Schreibens schon ein Stückchen weiter. So kann es ihnen passieren, daß sie Buchstaben auslassen, von denen sie genau wissen, daß sie an die jeweilige Stelle eines Wortes gehören. Dann wird aus dem Wort „Schule" vielleicht „Schle". Das innere Mitlesen hilft ihnen, ihre Gedanken zu zügeln und bei dem Buchstaben zu verweilen, den sie gerade schreiben. Zugleich formen sie mit ihren Lippen den durch den jeweiligen Buchstaben benannten Laut und geben durch diese Bewegung ihrem Gehirn eine zusätzliche Stütze, denn wir wissen, daß Bewegung und erfolgreiches Lernen untrennbar miteinander verknüpft sind.

Mit der Zeit sind die Kinder dann so sicher, daß ihnen ein gedankliches Mitlesen jedes einzelnen Buchstabens genügt. Und irgendwann brauchen sie auch das nicht mehr. Dann sind die Voraussetzungen für ein schnelleres Schreiben gegeben.

Das innere Mitlesen hat meines Erachtens auch eine günstige Wirkung auf die Konzentrationsfähigkeit. Ein Kind, das beim Schreiben mit seinem inneren Ohr die einzelnen Buchstaben und Worte hört, wird sich weniger leicht von Nebengeräuschen ablenken lassen.

Wenn Ihr Kind schon älter ist, dann wird ihm die Vorstellung vielleicht peinlich sein, daß die anderen Mitschüler bemerken, daß es die Lippen beim Schreiben bewegt wie ein kleines Schulkind. Dann soll es die Lippen eben nur zu Hause richtig mitbewegen und in der Schule nur mit dem inneren Ohr mitlesen. Das merkt dann niemand. Die Leichtsinnsfehler werden vermutlich zurückgehen. So wird der Fortschritt Ihr Kind beflügeln.

Dann möchte ich Sie noch auf ein Rechtschreibspiel aufmerksam machen, das Arnd Stein entwickelt und in seinem Buch „Das Rechtschreibspiel, Fehler verstehen und beseitigen" vorgestellt hat. Bei diesem Rechtschreibspiel übt Ihr Kind gezielt die Wörter, bei denen es Fehler macht. So entfällt das leidige Üben von Diktaten mit zumeist wechselndem Wortschatz. Bei dieser Methode kommen gerade die Wörter in regelmäßigen Abständen dran, die immer wieder falsch geschrieben werden.

Manche Kinder müssen eine Information häufig bekommen, bis sie zuverlässig im Langzeitgedächtnis gespeichert ist. Es reicht für sie nicht aus, wenn sie eine Woche lang eine Nachschrift üben und nach der Nachschrift die falsch geschriebenen Wörter zehn Mal richtig ins Heft schreiben müssen. Das Wort sitzt noch nicht dauerhaft. Das Rechtschreibspiel bietet einen Ausweg.

Es werden zwei Karteikästen mit Karteikarten oder Zetteln in entsprechender Größe hergerichtet. Auf jede Karteikarte werden in die linke obere Ecke in zwei übereinander liegenden Reihen Kästchen von etwa 1 cm Seitenlänge gemalt. Auf jede Karteikarte kommt ein Wort und gegebenenfalls eine Ableitung, die das richtige Schreiben erleichtert, zum Beispiel „Wald" und „Wälder", weil dadurch der Auslaut „d" verdeutlicht ist. „Wald" wird eben nicht mit „t" geschrieben.

Die Karteikarten werden, wenn man dem Buch folgt, mit den Wörtern gefüllt, die bei den verschiedenenen im Buch abgedruckten Diktaten falsch geschrieben werden. Die Diktate sind unterschiedlichen Klassenstufen zugeordnet und bauen im Wortschatz aufeinander auf. Ich denke, daß jedes Lesebuch andere Wörter verwendet, und daß daher diese Diktate nicht unbedingt für alle Kinder dieser Klassenstufen optimal geeignet sind. So schlage ich vor, die Idee und auch die Diktate von Arnd Stein zu übernehmen, jedoch nach Bedarf den Wortschatz und auch die Dikate an den laufenden Lernstoff und den Grundwortschatz der jeweiligen Klassenstufe anzupassen. Es ist auch sinnvoll, die Silbentrennung auf der Karteikarte gleich mitzukennzeichnen.

Das Rechtschreibspiel dauert nur zehn Minuten. Fünf Minuten lang diktieren Sie Sätze oder auch nur den Teil eines Satzes, wenn das Kind in fünf Minuten nicht mehr schafft, und weitere fünf Minuten Wörter aus dem Karteikasten. Wenn Ihr Kind ein Wort richtig schreibt, so machen Sie ein Sternchen in den linken oberen Kasten, andernfalls machen Sie bitte ein Minuszeichen. Das Wort bleibt solange im ersten Karteikasten, bis es durch drei aufeinander folgende Sternchen gekennzeichnet ist. Dann kommt es in den anderen Karteikasten und wird erst nach zwei, drei Wochen wiederholt.

Das Rechtschreibspiel spielen Sie vier Mal in der Woche. Lassen Sie keine Pausen von mehr als zwei Tagen zu. Sie müssen also viel Ausdauer und einen langen Atem mitbringen. Halten Sie mehrere Wochen lang durch. Es ist vernünftig, auch in den Ferien wenigstens alle paar Tage zehn Minuten lang das Rechtschreibspiel zu spielen. Gerade bei Kindern, die Schwierigkeiten mit der Rechtschreibung haben, geht bei einer längeren Pause oft viel verloren. Da das Spiel auf Erkenntnissen über das Kurzzeit- und das Langzeitgedächtnis beruht, ist Regelmäßigkeit und Ausdauer erforderlich.

Und wo ist das Spiel und die Freude am Spiel? Nun, ein Spiel soll Spaß machen. Beim Rechtschreibspiel machen die Erfolgserlebnisse Spaß. Dazu gehört das Sternchen auf dem richtigen Wort oder, wenn das nicht mehr zieht, eine materielle Belohnung für jeden Erfolg. Manche Mütter stellen ein Marmeladenglas auf den Schreibtisch und werfen bei jedem richtigen Wort eine Nudel oder eine Bohne hinein. Sobald das Glas voll ist, darf das Kind sich etwas wünschen, zum Beispiel einen Zoobesuch oder ein Mickey-Mouse-Heft.

Ein weiteres Mittel zur Erfolgskontrolle ist die Anzahl der richtigen Wörter in den diktierten Sätzen. Arnd Stein läßt die richtigen oder die falschen Wörter zählen. Ich denke aber, Eltern sollten einmal nur die richtigen Wörter zählen und so ein reines Erfolgserlebnis ermöglichen, auf ihre Fehler werden rechtschreibschwache Kinder oft genug hingewiesen. Die Anzahl der richtigen Wörter wird auf eine bestimmte Anzahl von diktierten Wörtern umgerechnet und in eine Tabelle eingetragen. Nach einigen Wochen ist der Erfolg so offensichtlich, daß viele Kinder das Rechtschreibspiel nicht mehr brauchen oder aber eine größere Pause machen können. Andere Kinder fühlen sich mit dem Rechtschreibspiel sicherer vor vermeidbaren Fehlern und behalten es lange Zeit bei.

Es ist Bestandteil des Rechtschreibspiels, daß Sie beim Diktieren für eine freundliche, motivierende Atmosphäre sorgen. Verbieten Sie sich alle ermahnenden oder kritisierenden Bemerkungen. Sagen Sie im Falle eines Fehlers „Stop", sobald Ihr Kind den letzten Buchstaben eines Wortes geschrieben hat und zum nächsten Wort ansetzen will. Entweder es findet den Fehler selbst, oder Sie sagen ihn ihm und machen ohne jeden Kommentar ein Minus auf das Kärtchen. Durch das „Stop" kann es einen Weg finden, sich nach jedem Wort selbst noch einmal zu stoppen und das Geschriebene zu überprüfen. Leichtsinnsfehler kann es dann verbessern. Es wäre schön, wenn Ihr Kind beim Schreiben die Wörter innerlich mitliest und erlebt, daß es damit mehr Wörter richtig schreibt.

Loben Sie Ihr Kind für die Mühe, die es sich gegeben hat und für die Fortschritte, die es gemacht hat. Es ist wichtig, daß es seine jetzigen Leistungen mit denen vor einigen Wochen vergleichen kann, sich also mit sich selbst vergleicht und nicht nur mit anderen Kindern.

Die meisten Rechenprobleme sind vermeidbar

Es gibt Kinder, die mit dem Rechnen Schwierigkeiten haben. Sie nehmen lange ihre Finger zu Hilfe und tun sich dennoch hart. Wenn sie über die Zahl Zehn hinaus rechnen sollen, dann kommen sie leicht ins Schwimmen. Es hilft auch nichts, ihnen einen Rechenvorgang immer wieder zu erklären. Sie scheinen dadurch noch mehr verwirrt zu werden.

Welche Möglichkeiten haben nun Sie als Eltern, Ihrem Kind Rechenvorgänge im wahrsten Sinn des Wortes begreifbar zu machen und ihm zu einem Erfolgserlebnis zu verhelfen?

Sehr anschaulich ist ein Nagelbrettchen. Sie können es gemeinsam mit Ihrem Kind fertigen. Dazu brauchen Sie ein Brett von ca. 25 cm x 7 cm mit einer Dicke von ca. 1,5 bis 2 cm, 20 Nägel und drei Gummibändchen. Schlagen Sie in Zweierreihen untereinander in gleichmäßigen Abständen zwanzig Nägel in das Brett und lassen dabei 1 cm von dem Nagel herausschauen. Anschließend schreiben Sie in Schreibrichtung die Zahlen 1 bis 20 neben die Nägel und verbinden Sie sie mit einem von 1 bis 20 durchgehenden Bleistiftstrich, so daß eine Zickzacklinie entsteht. Nach den ersten zehn Nägeln ziehen Sie einen dicken Strich quer, um die ersten zehn von den darunter befindlichen zweiten zehn Nägeln abzutrennen. Nun legen Sie zwei rote Gummibändchen und ein weiteres in einer anderen Farbe für die Rechenaufgaben bereit.

Für die Aufgabe 4 + 8 wird Ihr Kind das eine rote Gummibändchen um die Nägel eins bis vier legen und dann das andere rote um die nächsten acht Nägel. Die Aufgabe besteht darin, alle Nägel unter das farblich andere Ergebnis-Gummiband zu spannen. Dabei wird es spüren, wieviel mehr Druck es ausüben muß, um das Gummiband über zwölf Nägel zu spannen als nur um acht oder gar vier. Es sieht die vier und auch die dazuzurechnenden acht als eine Einheit und auch wieder die zwölf Nägel. So kann es leichter den Zehnerübergang meistern. Beim Abziehen haben viele Kinder noch größere Schwierigkeiten. Wieder hilft das Rechenbrettchen. Bei der Aufgabe 16−9 wird Ihr Kind das erste rote Gummiband um die Nägel 1 bis 16 spannen, anschließend das zweite rote Gummiband bei dem Nagel 16 einhängen, mit dem Finger auf der eingezeichneten Linie 9 Nägel rückwärts zählen und das Ergebnis-Gummiband bis zum Nagel 8 spannen. Übrig bleiben die ersten 7 Nägel. Wenn Sie Ihrem Kind dieses Hilfsmittel demonstriert haben und es verstanden hat, wie es damit umgehen kann, dann wird es das Nagelbrett eine Zeitlang verwenden, bis es diese Stütze nicht mehr braucht. Der Umgang mit dem Rechenbrett erfordert komplexe Bewegungsabläufe und spricht dabei verschiedene Sinneskanäle an. Für das Ziehen des Gummibandes ist der Pinzettengriff nötig. Durch die unterschiedliche Gummispannung muß das Kind seine Muskelspannung verändern. Beide Hände und die Augen müssen koordiniert zusammenarbeiten.

Besonders intensiv ist das Erleben für Ihr Kind, wenn Sie ihm helfen, das Nagelbrett selbst herzustellen, wenn es dazu Lust hat. Dies ist eine von vielen Möglichkeiten, Kinder zu selbständigem Planen und Handeln anzuregen. Dabei lernen sie sehr viel, was sie als Grundlage für ihre schulischen Leistungen benötigen. Denn die Handlungsplanung ist, um beim Rechnen zu bleiben, für die Reihenfolge der Rechenschritte und das planvolle Lösen einer Textaufgabe von wesentlicher Bedeutung.

Nach dem vorbereitenden Planen geht es an das Ausführen. Es

ist für Ihr Kind nicht so einfach, wie es vielleicht aussieht, denn die Nägel müssen mit der angemessenen Kraft und auch an der angezeichneten Stelle in das Brettchen geschlagen werden. Anschließend können Sie sich gemeinsam über den Erfolg freuen und erst einmal einfache Rechenaufgaben ausprobieren. Vielleicht hat Ihr Kind Spaß daran, ein zweites Nagelbrettchen zu fertigen, das es einem Freund schenken kann, der auch mit dem Rechnen Schwierigkeiten hat?

Eine Alternative zu dem Nagelbrett ist eine Schnurtafel. Sie wird aus einem festen Karton oder aus einem Brett hergestellt. Zusätzlich brauchen Sie zwanzig Schnurstücke von ca. 12 cm Länge sowie zwanzig Perlen in einer Farbe und weitere zwanzig in einer anderen. Wählen Sie als Maße für das Brett oder den Karton wieder die Maße 25 cm x 7 cm oder auch größer. Bohren Sie in Zweierreihen untereinander in gleichmäßigen Abständen zwanzig Löcher in den Karton oder das Brett, schreiben in Schreibrichtung die Zahlen 1 bis 20 neben die Löcher und verbinden Sie sie, wie schon beim Nagelbrett, mit einem von 1 bis 20 durchgehenden Bleistiftstrich. Nach den ersten zehn Löchern ziehen Sie einen dicken Strich quer, um die ersten zehn von den darunter befindlichen zweiten zehn Löchern abzutrennen. Bis hierher ist die Anleitung, abgesehen von den Nägeln, die durch Löcher ersetzt wurden, genauso wie beim Nagelbrett. Ziehen Sie nun durch jedes Loch ein Stück Schnur oder Kordel von ca. 12 cm Länge und hindern sie am unerwünschten Herausrutschen durch eine bunte Perle am oberen und am unteren Ende der Schnur. Verwenden Sie bei den Schnüren für die Zahlen 1 bis 10 eine andersfarbige Perle als bei den Schnüren für die Zahlen elf bis zwanzig.

Auch hier ist das Erlebnis für Ihr Kind besonders intensiv, wenn es die Schnurtafel mit Ihrer Anleitung selber herstellen darf. Helfen Sie bitte nur, wenn Ihr Kind wirklich nicht anders zurechtkommt, auch wenn es länger dauert. Bleiben Sie aber in der Nähe und greifen gegebenenfalls durch einen Hinweis oder einen kleinen Handgriff ein. Falls Ihr Kind keine Lust hat mitzumachen, so wird es sich freuen, wenn Sie eine solche Schnurtafel herstellen. Es wird Sie gerne zur Hand nehmen, wenn es erkannt hat, wozu sie nützlich ist. Versuchen Sie erst gemeinsam, eine Rechenaufgabe zu lösen.

Nehmen wir die Rechenaufgabe 12–5. Die Schnüre der Zahlen 1 bis 12 sind auf die obere Seite der Schnurtafel zu ziehen, bis die untere Perle an die Tafel anstößt. Die anderen acht Schnüre hängen nach unten. Nun ziehen Sie fünf Schnüre nach unten durch und beginnen mit der Schnur bei dem Loch mit der Zahl 12. Ihr Kind begreift den Rechenvorgang und wird ohne Schwierigkeiten rückwärts über die Zahl 10 rechnen können. Sieben Schnüre bleiben übrig. Sie stellen das Ergebnis der Rechenaufgabe dar. Plusaufgaben werden auf die entsprechende Art gelöst. Bei der Aufgabe 3 + 16 werden erst alle Schnüre nach unten gezogen, bis auf die Schnüre der Löcher mit den Zahlen 1 bis 3. Dann werden der Reihenfolge der Zahlen nach 16 Schnüre nach unten gezogen. Am Ende hängen 19 Schnüre nach unten.

Ihr Kind spürt den Rechenvorgang, indem es die Perlen im Pinzettengriff ergreift und an ihnen zieht. Dabei nimmt es auch die Reibung wahr. Mit den Augen verfolgt es die Bewegung der farbigen Perle, die durch den Zug an der Schnur zur Tafel hingezogen wird. Die Bewegungen der linken und der rechten Hand müssen mit den Bewegungen des Kopfes und der Augen zusammenspielen, sonst gelingt der Vorgang nicht. Am Schluß hat Ihr Kind ein greifbares Ergebnis in der Hand und ist sicher, sich nicht verrechnet zu haben. Der Zehnerübergang hat ihm keine Schwierigkeiten bereitet. Kinder, die auf diese Weise mit dem Übergang von den ersten zehn Zahlen zu den zweiten zehn Zahlen Sicherheit gewonnen haben, werden auch mit den höheren Zehnerzahlen keine Schwierigkeiten bekommen.

Bei der Einführung der höheren Zehnerzahlen, der Hunderter und Tausender sind farbliche Unterscheidungen der unterschiedlichen Stellenwerte hilfreich. Dies kann durch Unterstreichen oder, noch deutlicher, durch Schreiben der Zahlen in unterschiedlichen Farben geschehen. Hierbei ergibt sich natürlich ein zeitliches Problem hinsichtlich des üblichen Rechentempos. Doch ist zu überlegen, ob dieser Gedanke nicht zumindest teilweise aufgegriffen werden kann, weil weniger manchmal mehr ist.

Die Idee des Nagelbrettchens und der Schnurtafel können Sie auch abwandeln. Es geht ja nur darum, dem Kind eine Möglichkeit in die Hand zu geben, das Rechnen zu be-greifen. Nehmen Sie für den Zahlenbereich 1 bis 10 zehn Bierdeckel und durchbohren sie in der Mitte. Fädeln Sie sie auf eine mindestens 80 cm lange Schnur auf oder helfen Sie Ihrem Kind, dies zu tun. Das Loch in dem Bierdeckel soll nur so groß sein, daß Ihr Kind beim Verschieben der Bierdeckel noch eine Reibung wahrnehmen kann. Beim Zahlenraum 1 bis 20 nehmen Sie zwanzig Bierdeckel, und kennzeichnen Sie den Zehnerübergang durch unterschiedlich geformte oder farblich unterschiedene Bierdeckelränder. Dann spannen Sie die Schnur zwischen zwei Stuhllehen oder an einen anderen möglichen Platz und probieren mit Ihrem Kind eine Rechenaufgabe aus.

Nehmen wir die Aufgabe 2 + 9. Erst kommen alle Bierdeckel nach rechts. Dann sehen Sie sich die Aufgabe genau an und schieben zwei Bierdeckel nach links. Dann schieben Sie einzeln neun Bierdeckel auf der Schnur nach links. Es ist wichtig, nicht gleich neun Bierdeckel auf einmal zu verschieben. Sonst bekommt der Körper und damit das Gehirn nicht die Information, daß neun Bierdeckel verschoben werden. Der Vorgang der Addition würde nur einmal im Gedächtnis gespeichert werden. Außerdem fordert diese Methode durch die Verwendung der vergleichsweise langen Schnur das Kind dazu heraus, mit seinem Arm mehrfach die Mittellinie seines Körpers zu kreuzen. Versuchen Sie es unauffällig daran zu hindern, an der Schnur nur entlangzulaufen und so das Kreuzen der Mittellinie zu vermeiden. Führen Sie ihm liebevoll die Hand, falls es ihm alleine nicht gelingen mag, die Mittellinie zu kreuzen. Und dann denken Sie bitte daran, Ihr Kind zu loben und ihm Mut zu machen.

Lassen Sie Ihrem Kind also Zeit beim Rechnen. Es ist besser, wenn es einen Rechenvorgang gründlich begreift, als wenn es vier Aufgaben nur schnell löst.

Das Rechnen mit den Bierdeckeln entspricht dem Rechnen mit dem Abakus. Das ist eine Rechentafel, bei der in zehn Reihen untereinander je zehn Perlen quer auf Metallstäben aufgereiht sind. Die einzelnen Zehnerreihen sind farblich voneinander unterschieden. Der Abakus ist ein wertvolles Hilfsmittel beim Rechnen. Doch stellen die anderen Methoden für den Anfang des Rechnens eine intensiver wahrnehmbare Hilfe beim Rechnen dar und sind außerdem billiger, weil Sie sie selber herstellen können.

Für Rechenaufgaben mit kleineren Zahlen leistet auch die Taschenlampe wertvolle Dienste. Geben Sie für jede Zahl Lichtzeichen. Die Zahl 5 stellen Sie durch fünfmaliges Ein- und Ausschalten der Taschenlampe dar. Leuchten Sie dabei im Dunkeln an die Decke oder ansonsten auf eine Fläche, die dunkler ist als die Umgebung. Wollen Sie 5 + 3 rechnen lassen, so sagen Sie zwischen den Zahlen 5 und 3 „plus". Ihr Kind kann die Antwort auch mit der Taschenlampe durch eine entsprechende Anzahl von Lichtblitzen ausdrücken. Versuchen Sie, sie richtig zu entschlüsseln. Da muß man genau hinschauen und mitzählen. Ihr Kind könnte die errechnete Zahl auch als Ziffer mit dem Lichtschein an die Decke malen. Lassen Sie es große Ziffern malen, bei denen es mit dem Arm weit ausholen muß. Da kreuzt es wieder die Körpermittellinie.

Bei den bislang vorgestellten Rechenmethoden ist immer nur der Einsatz der Arme, Hände und Augen erforderlich. Auch die Füße können beim Rechnen helfen.

Teppichplatten sind dabei nützlich. Beim Kollektionswechsel gibt der Teppichhändler Ihnen sicher einige Platten. Legen Sie die Teppichplatten auf den Boden in der Wohnung oder im Garten auf die Wiese. Schreiben Sie große Ziffern auf die Platten. Die Platten 1 bis 10 erhalten eine andere Farbe als die Platten 11 bis 20.

Ordnen Sie die Platten so an, daß sie in Zweierreihen hintereinander liegen. Doch sollen sie nicht nebeneinander liegen, sondern immer versetzt. Fangen Sie mit der Platte 1 an und lassen den Platz rechts neben der Platte frei. Legen die Platte 2 so an, daß sie am oberen Ende des freigelassenen Platzes anschließt. Der Platz links neben der Platte 2 ist frei und wird einen Zwischenraum zwischen den Platten 1 und 3 darstellen. Fahren Sie mit der Platte 3 fort und legen Sie sie links oberhalb von der Platte 2 an. In der gleichen Weise legen Sie versetzt die Teppichplatten aneinander an. Die ungeraden Zahlen sind dann links und die geraden rechts, die Reihenfolge ist klar und übersichtlich. Mit jedem Schritt nach vorne gehen Sie eine Zahl weiter vor.

Nun rechnen Sie mit Ihrem Kind eine Rechenaufgabe. Nehmen wir als Beispiel 17–6. Ihr Kind sucht mit den Augen die Platte mit der Nummer 17, geht zu ihr und stellt sich darauf. Dann macht es der Reihenfolge der Platten folgend sechs Schritte zurück und kommt bei der Platte 11 an. Je nach seiner Körpergeschicklichkeit kann es vorwärts laufen oder rückwärts oder auch auf einem Bein hüpfen.

Diese Art zu rechnen macht Spaß, aber nicht unbedingt im Alleingang mit der Mutter. Laden Sie doch mehrere Kinder ein und machen ein Spiel daraus. Freuen Sie sich mit ihnen über jedes richtige Ergebnis und haben Sie einfach Ihren Spaß dabei.

Sie können danach die Teppichplatten zu einer durchgehenden Reihe zusammenschieben und die Platte umdrehen, so daß die Nummern nicht mehr zu sehen sind. Kennzeichnen Sie den Anfang der Reihe. Dann verteilen Sie Kärtchen mit Nummern. Jedes Kind soll sich auf die Platte stellen, von der es glaubt, daß sie seine Nummer hat. Das Spiel ist aus, wenn jeder einmal alle Nummern hatte.

Solche Spiele machen in Gemeinschaft am meisten Spaß. Vielleicht können Sie sich mit anderen Eltern von Klassenkameraden Ihres Kindes zusammentun, mit denen Sie sich gelegentlich abwechseln mit solchen Spielen oder dem Herstellen von Hilfsmitteln.

Vermutlich wird Ihr Kind nicht sehr lange solche Hilfsmittel und Spiele brauchen. Irgendwann kommt das erlösende „Ach, jetzt habe ich es kapiert", und eine weitere Stufe des Lernens ist erklommen.

Dann freuen Sie sich mit ihm. Und wenn es wieder zu Schwierigkeiten kommt, dann können Sie zuversichtlich sagen: „Weißt du noch, wie schwer es dir bis vor kurzem fiel, Minusaufgaben zu rechnen? Und das hast du auch geschafft. Das wirst du auch noch schaffen."

Eine solche Schwierigkeit kann zum Beispiel der Wechsel von einem Aufgabentyp zum anderen sein. Auf einem Rechenblatt wechseln Plus- und Minusaufgaben. Vielleicht sind einige als Lük-kenaufgaben geschrieben in der Art wie $3 + = 7$, während die anderen $4 + 6 =$ oder so ähnlich lauten. Kinder mit Lernstörungen sind von dem schnellen Wechsel und von der für sie unklaren räumlichen Anordnung von Lückenaufgaben oft überfordert und brauchen eine zusätzliche Stütze.

Kennzeichnen Sie im Rechenbuch die Plus- und die Minusaufgaben durch unterschiedliche Farben, wobei Sie eine einmal gewählte Farbe immer beibehalten müssen. Machen Sie einen Punkt vor die Rechenaufgabe oder unterstreichen Sie sie. Oder umkreisen Sie das Plus- bzw. Minuszeichen in der jeweiligen Farbe. Es ist mir klar, daß es problematisch ist, in einem fremden Buch farbige Kennzeichnungen anzubringen, die nicht wieder herausgehen. Überlegen Sie sich, ob Sie das Buch erwerben können. Sprechen Sie doch mit dem Lehrer Ihres Kindes über diese Frage. Auf alle Fälle wird Ihr Kind nicht die Rechenbücher aller Jahrgänge mit besonderen Markierungen versehen müssen. Das betrifft nur eine kurze Zeit und lohnt sich bestimmt.

Vielleicht genügt es Ihrem Kind ja auch, wenn es vor jedem Rechenvorgang sich selbst einen Auftrag erteilt. Dann sagt es in Gedanken zu sich selbst: „Das ist eine Minusaufgabe. Ich muß 4 von 13 abziehen." Das hilft manchmal schon sehr viel. Diesen Auftrag sollte es sich auch bei der mit einer farbigen Markierung versehenen Aufgabe erteilen. Dann tut es sich in der Schule beim Lösen von Rechenaufgaben leichter, wenn der Lehrer keine farbliche Kennzeichnung vornimmt.

Das Verdoppeln und Halbieren ist am Anfang meistens mit Schwierigkeiten verbunden. Machen Sie auch hier ein Spiel daraus und stellen Sie aus Karteikarten ein Puzzle her. Nehmen Sie für den Zahlenraum bis 100 50 Karteikarten, und schreiben Sie auf die linke Seite der Karteikarte jeweils eine Zahl von 1 bis 50 in grüner Schrift entsprechend der festgelegten Farbenzuordnung . Auf die rechte Seite der Karteikarte schreiben Sie das Doppelte dieser Zahl in roter Schrift. Anschließend zerschneiden Sie die Karteikarte in zwei Puzzleteile. Die Karteikarten sollten auf unterschiedliche Weise zerschnitten werden, so daß nicht versehentlich falsche Teile zusammengefügt werden können. Das ist wichtig, da das Zusammenpassen eine Kontrolle für das richtige Rechenergebnis darstellt.

Machen Sie das Spiel attraktiver, indem Sie weitere Anreize setzen. Wählen Sie drei unterschiedliche Symbole für unterschiedliche Schwierigkeitsgrade. Sie können die Symbole aufmalen oder kleine Aufkleberchen benützen. Auf jede Karte kommt auf die linke Seite ein solches Symbol. Dadurch ist festgelegt, ob ein Puzzleteil eine rechte oder linke Seite einer Karteikarte ist und Ziffern wie 6 und 9 sind in ihrer Richtung eindeutig festgelegt. Das Lösen einer einfachen Aufgabe bringt 2 Punkte, das einer mittelschweren 3 Punkte und das von schweren Aufgaben 5 Punkte. Schreiben Sie Ihrem Kind zu dem Puzzle eine Spielregel auf ein Kärtchen, das Sie in die Schachtel mit den Puzzleteilen mit hineinlegen.

Die Spielregel lautet: Es gehören immer zwei Zahlen zusammen. Die grüne Zahl ist die Hälfte der roten Zahl. Die grünen Zahlen liegen auf einem Stapel verdeckt. Die roten Zahlen liegen offen. Abwechselnd zieht jeder eine Karte von dem Stapel mit den grünen Karten und sucht die passende Karte dazu. Du kannst auch umgekehrt spielen. Eine Variante dieser Spielregel für das Spiel alleine ist auch möglich: Du spielst alleine und hast fünf Minuten Zeit. Alle Kärtchen liegen offen. Wieviele Paare findest du? Wieviele Punkte hast du?

Weitere Anregungen auch für schwierigere Rechenvorgänge sind in dem bereits erwähnten Buch „Lernen kann phantastisch sein" von Barbara Meister-Vitale enthalten.

Eltern können ihren Kindern in vielfältiger Weise helfen, das Rechnen, Lesen und Schreiben zu erlernen, indem sie die in der Schule vermittelte Lernmethode durch körperlich erfahrbare Methoden ergänzen. Lernen ist in keiner Weise auf den Schreibtisch begrenzt.

Viele alltägliche Erfahrungen sind Voraussetzung für erfolgreiches Lernen

Helfen in Haus und Garten

Alltägliche Arbeiten können einem Kind ausreichend Gelegenheiten bieten, die verschiedensten Fähigkeiten zu entwickeln: körperliche Geschicklichkeit und koordinierte Muskelbewegungen, Erkennen sozialer Verhaltensweisen und Einfügen in das soziale Umfeld, Planen von Handlungen, Erkennen von Handlungszusammenhängen, Nachahmen und Ausprobieren, Erinnern von Aufträgen und Ausführen dieser Aufträge, Schildern von Erlebnissen und Zusammenhängen durch Worte, Gesten und Mimik. Dieses alles kann ein Kind bei der Bewältigung des ganz normalen Alltags lernen, wenn die Familie es ihm nur erlaubt.

Zu diesem Alltag gehören die anfallenden Arbeit im Haus und im Garten sowie das Einkaufen, das Reparieren der Wasserleitung oder des Fahrrads. Die Arbeiten im Haushalt sind vielfältig. Wir kennen sie alle, finden sie lästig und haben sie weitgehend Maschinen überlassen. Das Teppichklopfen übernimmt der Staubsauger, das Waschen die Waschmaschine, das Öffnen der Dosen übernimmt der elektrische Dosenöffner, das Brot wird auch nicht mehr von Hand geschnitten, und den Quark rührt die Küchenmaschine.

Bleiben wir einmal bei dem Beispiel Quarkrühren. Vielleicht darf Ihr Kind die Nachspeise zubereiten. Zuerst muß es seine Handlung sinnvoll planen und anschließend alles bereitlegen, was es benötigt. Zuerst muß es sich fragen: Welche Nachspeise will ich zubereiten und welche Zutaten brauche ich dazu? Welche Gerätschaften benötige ich? Welche Reihenfolge muß ich einhalten? Es geht schließlich nicht, daß es den Quark und die Milch verrührt, ehe es die Schüssel bereit gestellt hat. Beim Ausführen muß es auch die Tür des Schrankes verschließen, aus dem es die Schüssel herausgeholt hat, um ein Durcheinander zu vermeiden. Für das Rühren wird Ihr Kind die Küchenmaschine vorbereiten, vielleicht auch einfach einen Schneebesen. Die sinnvolle Planung und Vorbereitung ist für Kinder mit Teilleistungsstörungen oft sehr schwierig. Diese Fähigkeit muß erst erarbeitet und langsam aufgebaut werden. Dazu brauchen sie eine liebevolle Hilfestellung. Sie darf keine Lösungen vorwegnehmen, sondern muß zum Denken anregen und so den nächsten kleinen Schritt in Richtung Ziel ermöglichen.

Bei den verschiedenen Tätigkeiten beim Quarkrühren übt sich Ihr Kind darin, seine Muskeln koordiniert und mit dem angemessenen Druck zu bewegen. Das ist wichtig, sonst rutscht ihm beispielsweise die Quarkpackung beim Öffnen aus der Hand und fällt auf den Boden. Mit den Händen erspürt es unterschiedliche Oberflächen und kann daraus ableiten, wie es den jeweiligen Gegenstand anzufassen hat. Die glatte Plastikpackung ist anders zu handhaben als der Metallöffel zum Herauslöffeln des Quarks. Außerdem fühlen sich die kalten Zutaten aus dem Kühlschrank anders an als die Gerätschaften, die bei Zimmertemperatur aufbewahrt werden.

Was macht den Unterschied zwischen dem handgerührten und dem maschinengerührten Quark aus? Es sind die Bewegungen, die das Kind mit dem Schneebesen selbst ausführt. Beim Rühren mit der Hand übt es die Gelenkigkeit im Handgelenk. Diese Gelenkigkeit ist eine Grundvoraussetzung für das Schreiben. In der Schule werden zu diesem Zweck Schwungübungen gemacht. Quarkrühren ist eine angenehme Alternative zu Schwungübungen.

Helfen Sie Ihrem Kind, die Bewegung gleichmäßig und rund aus dem Handgelenk heraus auszuführen, indem Sie es darauf hinweisen oder, wenn Ihr Kind diesen verbalen Hinweis nicht umsetzen kann, indem Sie seine Hand führen. Packen Sie es nicht am Unterarm oder am Handgelenk, sondern legen Sie Ihre Hand auf die seine. Wenn es mit der rechten Hand rührt, dann nehmen Sie auch die rechte Hand, bei der linken Hand auch die linke. Die Fingerspitzen Ihres Zeigefingers sollen auf den Fingerspitzen des Zeigefingers Ihres Kindes liegen und bei den anderen Finger entsprechend. Mit der restlichen Hand haben Sie nur einen lockeren Kontakt. Dann führen Sie gemeinsam mit Ihrem Kind die Bewegungen aus und geben dabei den Druck und die Richtung des Drucks vor. Es ist wichtig, daß Sie unter Ihren Fingern und Händen die Aktivitäten Ihres Kindes spüren. Sie dürfen es nicht durch das Führen an eigenen Handlungen hindern, Sie wollen sie ihm ja gerade ermöglichen. Richtiges Fingerspitzenführen ist anstrengend und birgt Fehlerquellen in sich. Beim Führen Ihres Kindes werden Sie Widerstände und Muskelanspannungen oder aber einen Mangel an Spannung spüren. Ihre ruhige Hand und Ihre sicheren Bewegungen werden dazu führen, daß Ihr Kind mit der Zeit die Bewegung übernehmen kann. Bleiben Sie aber noch etwas dabei und übernehmen wieder die Führung, wenn Ihr Kind in das alte Bewegungsmuster zurückfällt. Reden Sie dabei möglichst nicht. Wortreiche Erklärungen stören nur. Ihr Kind kann in diesem Augenblick nur lernen, indem es seine Bewegungen spürt und sie mit seinen Augen verfolgt. Das gleichzeitige Hören oder gar Zuhören überfordert es in diesem Augenblick. Wenn Sie mehr über das Führen der Hände erfahren möchten, so empfehle ich Ihnen das Buch „Wahrnehmung, Wirklichkeit und Sprache" von Felicie D. Affolter.

Gehen wir zurück zu unserem Quarkrühren. Wenn Sie in dem beschriebenen Sinn die Hände Ihres Kindes beim Rühren führen, spürt es, wie fest es den Schneebesen halten und wie es seinen Arm und die Hand bewegen muß. Für das Schreiben braucht es nicht nur die Gelenkigkeit im Handgelenk, sondern auch ein sicheres Gefühl für den richtigen Druck, mit dem es den Stift halten muß.

Die Erfahrungen, die Ihr Kind beim Zubereiten einer einzigen Nachspeise sammelt, sind sehr zahlreich und laufen zumeist unbewußt ab. Bewußt werden ihm nur die Handgriffe, die ihm ungewohnt sind und daher Aufmerksamkeit abverlangen. Es sind alltägliche Erfahrungen, die die Grundlagen für eine erfolgreiche Bewältigung des Schulalltags schaffen, auch wenn dieser Zusammenhang nicht offensichtlich ist.

Kinder können nur dann viele Erfahrungen sammeln, wenn ihre Bezugspersonen ihnen neben den Erfolgen auch Mißerfolge zugestehen. Lernen läuft über Versuchen und Mißlingen und führt schließlich zum Erfolg. So war das ja schon beim Kleinkind. Da hat ihm niemand verboten zu laufen, nur weil es immer wieder hinfiel. Das gleiche Lernschema bleibt über die Kleinkinderzeit hinweg bis ins hohe Alter bestehen.

Gehen wir zurück zu der Zubereitung der Nachspeise. Der Mißerfolg mag hier darin bestehen, daß Ihrem Kind der Quark herunter fällt. Das ist aber nicht Absicht und böswillige Ungeschicklichkeit. Versuchen Sie, nicht zu schimpfen. Trösten Sie statt dessen Ihr Kind und helfen Sie ihm, den Schaden zu beheben. Geben sie ihm, falls der Quark nicht mehr zu gebrauchen ist, einen anderen Quark oder Joghurt als Ersatz, damit es seine Tätigkeit wieder aufgreifen kann. Vielleicht ist es bereit, nach Fertigstellung der Quarkspeise zum Geschäft zu laufen und einen Quark nachzukaufen.

Helfen Sie überhaupt nur, wenn es wirklich notwendig ist oder das Kind Sie darum bittet. Bleiben Sie aber erreichbar. Meistens greifen Erwachsene viel zu schnell ein und machen dann zu viel selber. Doch bringen sie Kinder damit um Erfahrungen und um einen Zugewinn an Selbständigkeit und damit auch um Erfolgserlebnisse und das dadurch mögliche Selbstbewußtsein. Und wenn ein Kind nicht zurechtkommt, dann genügt oftmals schon ein kleiner Handgriff oder Hinweis, der es zum Denken anregt, damit es wieder einen kleinen Schritt in Richtung des Ziels gehen kann. Erlauben Sie Ihrem Kind, Tätigkeiten auszuführen, die es sich selbst zutraut. Es kann wahrscheinlich mehr, als Sie denken. Bald wird seine Hilfe dann eine wirkliche Hilfe sein.

Das Einkaufen ist eine wertvolle Erfahrung für Ihr Kind und zugleich eine Hilfe für Sie als Eltern. Vor dem Einkaufen muß es Ihnen erst einmal zuhören und dann einen Einkaufszettel schreiben. Das taucht in der Schule dann als schriftliche Gestaltung einer Handlung auf. Verbessern Sie bitte nicht die Fehler in der Rechtschreibung. Wenn es sich keinen Einkaufszettel schreibt, muß es sich die einzelnen Artikel merken, die es einkaufen soll. In der Schule muß es sich auch gehörte Informationen merken können. Dann muß es daran denken, eine Einkaufstasche und den Geldbeutel mitzunehmen. Im Laden muß es die richtigen Artikel aussuchen und darf sich nicht zum Kauf anderer Dinge hinreißen lassen, weil sonst das Geld nicht mehr reicht. Diese Fähigkeit braucht es auch, wenn es sich in der Schule konzentrieren soll. An der Kasse lernt es, mit dem Geld umzugehen. Es muß die Münzen auseinanderhalten und richtig zusammenzählen, um der Verkäuferin die richtige Summe hinzulegen. Anschließend kann es das Wechselgeld nachzählen und prüfen, ob ihm richtig herausgegeben wurde. Im Unterricht wird durch entsprechende Textaufgaben versucht, wirklichkeitsgetreue Situationen aufleben zu lassen. Das ist aber nur eine Scheinwirklichkeit. In der alltäglichen Situation lernt ein Kind am intensivsten, vorausgesetzt, es hat Freude dabei und fühlt sich nicht unter Druck.

Erlauben Sie es Ihrem Kind, diese Erfahrung zu sammeln und nehmen Sie seine Hilfe in Anspruch. Verweisen Sie es nicht darauf, daß Sie einmal in der Woche einen Großeinkauf mit dem Auto machen und Sie seine Hilfe nicht brauchen. Lassen Sie sich etwas einfallen, oder bieten Sie ihm eine andere Aufgabe an.

Vielleicht möchte es Wäsche waschen. Es ist egal, daß Sie morgen eine Waschmaschine anstellen wollen. Geben Sie ihm Seife und zwei, drei Wäschestücke, die Sie sonst mit der Maschine waschen würden, zum Waschen. Und wenn am Schluß die Wäsche auf der Leine hängt und das Bad naß ist, dann geben Sie ihm freundlich den Putzlappen zum Aufwischen in die Hand und helfen, wenn es nötig ist. Falls die Wäschestücke nicht ganz sauber geworden sind, können Sie sie am nächsten Tag ja trotzdem noch in die Waschmaschine stecken.

Vielleicht denken Sie, daß das ganze Helfenlassen Ihnen zu viel Arbeit macht. Ihr Kind wird durch diese Erfahrungen aber geschickter und auch letztlich in der Schule von ihnen profitieren. Haben Sie also den Mut zur produktiven Unordnung und vermeiden Sie möglichst viele elektrische Geräte. Vielleicht finden Sie eine Kompromißlösung. Wenn Sie in Eile sind, dann nehmen Sie Maschinen in Anspruch, wenn Sie aber gemeinsam mit Ihren Kindern etwas im Haushalt machen, dann wählen sie so weit als möglich die altmodische Methode.

Manche Mütter machen so schnell als möglich ihren Haushalt und nehmen sich anschließend Zeit für ihre Kinder und spielen mit ihnen oder bringen sie zu einem Kurs. Dabei bedenken sie nicht, daß in den alltäglichen Tätigkeiten viele Möglichkeiten schlummern, die Kinder sinnvoll anzuleiten und zu beschäftigen und dabei zu fördern.

Im Garten kann Ihr Kind Ihnen auch helfen und Blumen gießen, säen, Unkraut jäten und ernten. Sicher braucht es auch hier immer wieder Ihre helfende Hand, bis es gelernt hat, wirklich selbständig und wirkungsvoll zu helfen.

Es ist wichtig, daß die Tätigkeiten in Haus und Garten nicht als Strafe verpaßt werden. Durch eine ablehnende Einstellung ist der Lerneffekt sehr gering. Vielmehr sollten auch solche Tätigkeiten dem Kind Spaß machen oder ganz einfach seine kleine tägliche Pflicht sein, für die es als vollwertiges Familienmitglied zuständig ist.

Beim Helfen im Haus und im Garten oder in der Werkstatt des Vaters fühlt sich Ihr Kind wichtig und entwickelt bei den Erfahrungen, die es macht, ein gesundes Selbstwertgefühl. Dann wird ihm ein Problemfach in der Schule nicht das durchdringende Gefühl vermitteln können: Ich kann überhaupt nichts. Es weiß dann einfach, daß es da eben einen Schwachpunkt hat, an dem es arbeiten muß, und daß es woanders Stärken hat.

Bei manchen Tätigkeiten werden Sie sich nicht mit Ihrem Kind unterhalten können, beispielsweise wenn Ihr Kind staubsaugt oder den Rasen mäht. Andere Male ist dies aber schon möglich, und Sie können über die gerade ausgeführte Tätigkeit oder auch über dieses oder jenes reden, das Ihr Kind gerade beschäftigt. Das tut dem Verhältnis zwischen den Eltern und dem Kind gut.

Kennen Sie diese Spiele?

Beim Spielen entwickeln Kinder verschiedenste Fähigkeiten. Es ist wichtig, daß sie möglichst unterschiedliche Erfahrungen machen können. Diese Vielfalt haben Kinder nicht, wenn sie Game boy spielen oder batteriebetriebenes und vorgefertigtes Spielzeug betätigen, das nicht an die wachsenden Bedürfnisse angepaßt werden kann.

Kinder lernen beim Spielen dazu. Daher müssen sie solche Spiele spielen können, bei denen der Schwierigkeitsgrad verändert werden kann. Die im Handel üblichen Spiele genügen dieser Anforderung oft nur in geringem Umfang. Die Industrie hat nämlich kein Interesse daran, daß die Spielsachen lange verwendet und an die nächsten Altersstufen angepaßt werden können. Damit ist den Kindern nur eingeschränkt die Möglichkeit gegeben, kreativ mit dem Spielmaterial umzugehen. Natürlich gibt es auch im Spielwarenhandel wertvolle Spiele und Spielgeräte. Viele von ihnen sind mit dem Aufkleber „spiel gut" gekennzeichnet.

Spiele und Spielgeräte können Sie nicht nur im Spielwarengeschäft und beim Sportgeschäft beziehen. Pädagogisch besonders wertvolle Spiele und Spielgeräte finden Sie auch und gerade bei Herstellern und Firmen, die Geräte zur Rehabilitation herstellen und verkaufen. Ihre Produkte werden aber oft nicht im Einzelhandel verkauft, sondern sind ab Hersteller oder über Versandhäuser zu beziehen. Adressen können Sie bei der Lebenshilfe, bei Ergotherapeuten und bei Krankengymnasten erfragen. Diese Produkte zahlen sich aus durch ihre Langlebigkeit und ihre Anpassungsfähigkeit. Sie sind so konstruiert, daß sie für jung und alt, nicht behindert und behindert gleichermaßen zu verwenden sind.

Sie fördern das Gleichgewichtsvermögen und die körperliche Geschicklichkeit. Mit Phantasie sind vielerlei Spiele mit ihnen möglich. Für die Kleineren und auch noch für die Erwachsenen gibt es das Pedalo. Das ist ein psychomotorisches Gerät, das es in unterschiedlichen Ausführungen gibt. Für die meisten wird am Anfang das Doppelpedalo in Frage kommen. Es besteht aus zwei Platten, die miteinander verbunden sind durch zwei Räder in der Mitte, und die rechts und links außen durch je ein Radpaar abgestützt sind. Sobald sich die eine Platte nach unten bewegt, geht die andere nach oben. Wenn Sie oder Ihr Kind darauf fahren, so sind Sie oder es gezwungen zu einer gleichzeitigen, koordinierten Bewegung der Beine. Gleichzeitig ist das Gleichgewicht zu halten. Nach einiger Zeit hat man es heraus, auf dem Pedalo locker und mit fließenden Bewegungen zu fahren und kann sich Spielchen ausdenken. Man kann auf einem Löffel eine Kartoffel balancieren oder auf einem Tischtennisschläger einen Tischtennisball hüpfen lassen. Wenn zwei Pedalos zur Verfügung stehen, dann kann man sich die Hände reichen oder auch die Pedalos aneinander schrauben und gleichzeitig fahren.

Das Fahren auf dem Pedalo spricht die rechte und die linke Körperseite und damit auch die linke und die rechte Gehirnhälfte mit ihren unterschiedlichen Funktionen gleichzeitig an. Durch die koordinierten beidseitigen Bewegungen wird die Zusammenarbeit der Gehirnhälften verbessert, die eine Voraussetzung für erfolgreiches Lernen ist.

Wenn ein Kind hier große Probleme hat, dann muß es vielleicht mit dem Reha-Pedalo mit Stützen beginnen. Hier sind die Trittbretter einen Meter lang und ermöglichen das gleichzeitige Fahren von zwei bis drei Personen. Vorne sind zwei Stützen befestigt, an denen man sich festhalten kann. Das gemeinschaftliche Fahren auf dem Pedalo hat eine günstige Wirkung auf das Sozialverhalten der Kinder. Sie können sich gegenseitig unterstützen und gemeinsam Spaß haben. Die Kinder lernen, daß sie zueinander Vertrauen haben können. Nach einiger Zeit brauchen auch die Kinder mit größeren Problemen das Reha-Pedalo mit Stützen nicht mehr und können es unter Verwendung von zwei kürzeren Trittschalen umbauen zu einem Doppelpedalo. Vielleicht werden sie anfangs die fehlenden Stützen ersetzen durch Stelzen oder Skistöcke, mit denen sie sich im Gleichgewicht halten können.

Wenn auch das Doppelpedalo zu leicht geworden ist, dann besteht die Möglichkeit, das Doppelpedalo in zwei Einzelpedalos zu zerlegen. Der Umbau kann zu jeder Zeit rückgängig gemacht werden. Dazu gibt es Halteseile, die an den Achsen befestigt werden können. Jetzt können Sie versuchen, mit dem Einzelpedalo zu springen. Wenn zwei Einzelpedalos oder ein Einzelpedalo und ein Doppelpedalo zur Verfügung stehen, dann können sie sich im Fahren gegenseitig einen Ball vorsichtig zuwerfen oder andere Kunststückchen ersinnen. Wenn Sie weitere Anregungen suchen, dann lesen Sie bitte in dem Buch „Bewegungsspiele mit dem Pedalo" von P. Ehrlich und K. Heimann nach.

Dann gibt es als Alleine- oder auch als Partnerspiel das Radfang-Spiel. Es besteht aus zwei etwa ein Meter langen Führstöcken mit einer gabelförmigen Vertiefung am unteren Ende sowie einem

Rad mit auf beiden Seiten herausstehenden Zapfen an der Radmitte. Das Partnerspiel besteht nun darin, daß die Spieler das Rad einander zurollen und wieder auffangen. Das erfordert Konzentration, eine gute Koordination zwischen Augen und Händen sowie ein sicheres Gefühl für den angemessenen Krafteinsatz. Als zusätzliche Schwierigkeit kann man eine Wippe aus einem Brett und einem Rundholz einbauen, über die das Rad fahren soll.

Beim Alleine-Spiel rollt der Spieler das Rad vor sich her und versucht, es wieder einzufangen. Er kann sich auch ein Ziel bauen und versuchen, das Rad dort hinein zu lenken.

Weiterhin kann man das Rad entlang Zahlen und Buchstaben schieben, die je nach Untergrund mit Kreide oder einem Stöckchen auf den Boden gezeichnet wurden. Als Steigerung kann man Buchstaben und Zahlen nachfahren, die nur gedacht sind. Daraus kann dann wiederum ein Ratespiel entstehen.

Sie können sich auch eine Wippe aus einem Holz selber bauen. Nehmen Sie ein Brett mit 80 cm Länge und 25 cm Breite sowie ein Rundholz mit einem Durchmesser von 10 cm und einer Länge von 25 cm. Je dicker das Rundholz ist, desto schwieriger wird es. Befestigen Sie unten am Ende des Bretts je ein Hölzchen, damit das Brett nicht ganz vom Rundholz abrutschen kann. Das Brett wird auf das Rundholz gelegt und fertig ist das Spiel. Die Aufgabe besteht darin, stehend auf dem Brett seitlich hin und her zu balancieren und dabei auf dem Rundholz gleichsam zu fahren.

Auch Roller, Skateboard, Rollschuhe, Schlittschuhe, Gleitschuhe für den Eislaufplatz und das Fahrrad fördern die Geschicklichkeit, aber nur so lange, als sie die Kinder herausfordern. Teilweise sind sie für ungeschickte Kinder selbst im Schulalter noch schwierig. Wenn Kinder den einfachen Gebrauch von Spielgeräten heraus haben, dann denken sie sich selbst die unterschiedlichsten Geschicklichkeitsspiele aus. Sie fahren mit dem Fahrrad bergauf und bergab und Slalom um ausgelegte Hindernisse. Eine Steigerung des Fahrradfahrens ist das Einradfahren. Das ist das einzige Spielgerät, das ich bislang erwähnt habe, das erst für etwas größere Kinder geeignet ist.

Dann möchte ich noch auf die Stelzen hinweisen. Es gibt sie in unterschiedlichen Größen mit höhenverstellbaren Fußstützen.

Stelzen sind ein vergleichsweise schwieriges Gerät. Man muß körperlich schon recht geschickt sein, um an ihnen Spaß zu haben. Daher ist es wichtig, daß die Fußstützen für den Anfang sehr tief unten angebracht werden können. Das Stelzenlaufen kann man noch anspruchsvoller gestalten, wenn man rechts und links unterschiedlich hohe Stelzen verwenden. Die Stelzenläufer können versuchen, mit den Stelzen einen Ball zu schubsen und eine Art Fußball miteinander zu spielen. Leider sind die Stelzen etwas aus der Mode gekommen. Sie fördern auf hervorragende Weise die Koordination des Körpers.

Der Ball und das Sprungseil sind jahrhundertealte Spielgeräte. Sie sind unendlich anpassungsfähig und fördern ebenfalls die Körperkoordination. Gerade das Ballspielen ist die beste Vorübung für das Schreibenlernen, da die Hände dabei Grundfertigkeiten erlenen, ohne die Schreiben gar nicht möglich ist. Als Spielart zum Ball gibt es das Federballspiel und andere Wurfspiele sowie das Murmelspiel.

Auch die Schaukel und die Wippe sind altbewährte Spielgeräte, die den Gleichgewichtssinn anregen und eine gute Koordination verlangen. Kinder können von dort aus einen Ball fangen und zurückwerfen und weitere Kunststückchen vollführen.

Der Peitschenkreisel aus meiner Kindheit und auch das Reifentreiben mittels eines Stöckchens sind wunderbare Spiele, die nur noch selten gespielt werden. Ich habe jedoch den Eindruck, daß manche der alten Spiele wieder entdeckt werden.

So ist es beispielsweise mit dem Diabolo-Spiel, von dem ältere Leute wissen, daß ihre Eltern gerne damit spielten. Bei diesem Spiel wird ein Gegenstand aus Kunststoff oder Gummi, der aussieht wie zwei an der Spitze zusammengefügte Kegel, mittels einer an zwei Stöckchen befestigten Schnur in die Luft geworfen und wieder aufgefangen.

Sicher sind viele alte Spiele in Vergessenheit geraten. Doch gibt es auch neue wie beispielsweise den Saturn-Ball. Das ist ein Ball mit einer Scheibe um die Mitte des Balles herum, auf der der Spieler steht und hüpft. Ich habe Kinder gesehen, die auf diesem Ball Seil hüpfen.

Es ist günstig, wenn die Spielgeräte zur Verfügung stehen und griffbereit sind. Dann erinnern sich die Kinder an sie und greifen lieber zu, als wenn sie sie erst suchen müssen. Wenn mehrere Kinder da sind, wird sich jeder das aussuchen, was ihm gerade Spaß macht. Die Kinder bringen sich gegenseitig auf gute Ideen. Machen Sie doch auch einmal selber mit. Es ist gar nicht so einfach, wie es oft aussieht. Sie werden staunen, wie geschickt die Kinder nach einiger Zeit mit den angebotenen Spielgeräten umgehen.

Die meisten der genannten Spielgeräte kann Ihr Kind nur draußen verwenden. Für den Gebrauch in der Wohnung ist das Pedalo und eingeschränkt der Ball geeignet, etwa als japanischer Papierball oder kleine weiche Bälle zum Zielwerfen in einen Korb. In der Wohnung wird zum Anregen des Gleichgewichtssinns von Kindern gerne ein Trampolin, ein Rollbrett oder ein Gymnastikball angenommen. Manche Kinder haben das Glück, eine Hängematte in ihrem Zimmer zu haben. Man kann sie an der Decke aufhängen und mittels Kletterseilen auf die gewünschte Höhe herunterhängen lassen. Das Trampolin muß aber bereitstehen und soll nicht erst hinter einem Schrank hervorgezogen werden müssen. Und die Hängematte darf nicht zusammengelegt im Schrank liegen. Dann ist der Umstand zu groß und niemand benützt sie.

Falls Ihr Kind das Trampolin dennoch nicht benützt, dann fragen Sie nach dem Grund. Wird es ihm vielleicht schlecht dabei? Schlagen Sie ihm vor, sich auf das Trampolin zu setzen. Stellen Sie sich dahinter und hüpfen Sie wenige Male ganz sanft. Kann es das besser ertragen oder gefällt es ihm sogar? Wenn es nicht mag, dann lassen Sie das Trampolin eine Weile einfach bereitstehen und bieten ihm andere Beschäftigungen an, die das Gleichgewichtssystem anregen. Gehen Sie beispielsweise vermehrt schwimmen, oder locken Sie Ihr Kind auf das Pedalo und machen zusätzlich die an anderer Stelle beschriebenen kinesiologischen Übungen. Hüpfen Sie auch gelegentlich auf dem Trampolin. Kinder wollen schließlich nicht nur ausprobieren, sondern auch nachahmen.

Sehr förderlich für die Entwicklung sind Hüpfspiele wie Himmel und Hölle. Hierzu werden auf den Boden in einer festgelegten Anordnung Kästchen gemalt und mit Ziffern versehen. Dann wirft das Kind, das an der Reihe ist, ein Steinchen in ein Kästchen und hüpft auf einem Bein in dieses Kästchen, schubst dann das Steinchen mit dem Fuß in das nächste Kästchen usw. Dieses Spiel ist hervorragend, weil es viele unterschiedliche Fähigkeiten fördert: das Anstehen und das Warten, bis man an der Reihe ist, das gezielte Werfen mit der Hand, das Hüpfen auf einem Bein, das gezielte Schubsen mit dem Fuß, das Er-Hüpfen von Zahlen und das Einhalten einer klaren Spielregel. Bei diesem Spiel wird gleichzeitig mit der geförderten Körpergeschicklichkeit das Wissen um die Reihenfolge der Zahlen gefestigt.

Viele der alten Kinderspiele, die nur Steinchen oder Stöckchen als Material brauchen, sind sehr wertvoll. Leider werden nur mehr wenige dieser Spiele gespielt. Fragen Sie doch einmal Ihre Eltern und, wenn sie noch leben, auch die Großeltern nach den Spielen ihrer Kindheit. Vielleicht ist eine Idee dabei, die Sie wieder aufgreifen wollen.

In der Schule ist es wichtig, Formen zu erkennen, sie richtig zu erinnern und wiederzugeben. Das betrifft das Lesen, das Schreiben und das Rechnen. Es gibt verschiedene Spiele, die, wenn sie häufig gespielt werden, die Raumerfassung verbessern. Da gibt es die normalen Puzzles und die dreidimensionalen Puzzles. Das sind Würfel, die zerlegt und wieder zusammengesetzt werden können.

Auch Tangram fördert die Raumerfassung und das optische Auflösen von Strukturen, das gerade beim Lesen von Bedeutung ist. Sonst können die einzelnen Buchstaben und Ziffern nicht aus dem Zusammenhang herausgelöst und erkannt werden. Tangram ist ein Spiel, das aus sieben Steinen besteht. Aus diesen Steinen sind bestimmte Muster nachzulegen. Dem Spiel liegt ein Heftchen mit den Aufgaben und den Lösungen bei.

Tangram und verschiedene Puzzles und auch zerlegbare Würfel können Sie kaufen. Es gibt aber auch die Möglichkeit, sie selbst zu fertigen. Anleitungen dazu sowie ungezählte andere Anregungen können Sie in dem Buch „Denkspiele der Welt" von P. van Delft und J. Botermans nachlesen.

Der sichere Umgang mit räumlichen Vorstellungen ist abhängig von einer guten Körperwahrnehmung. Zusätzlich zu den erwähnten Spielgeräten sind Kimspiele förderlich. Ein bekanntes

Kimspiel ist das Spiel „ich seh etwas, was du nicht siehst, und das ist gelb". Das ist ein Seh-Kim. Es gibt auch Kim-Spiele für das Hören, das Riechen, das Fühlen und das Tasten. Wenn Sie mit Ihrer Familie oder auch nur Ihrem Kind wiederholt solche Spiele spielen, dann werden Sie und Ihr Kind genauer beobachten und auf mehr Details achten. Seine Wahrnehmungsfähigkeit wird sich steigern. Das wird ihm in der Schule zugute kommen. Und zwar nicht nur indirekt über die verbesserte Körperwahrnehmung, sondern auch direkt durch ein schnelleres Erkennen von Kleinigkeiten wie zum Beispiel den fehlenden i-Punkt. Zahlreiche Anregungen zu Kimspielen können Sie in dem Buch „Kimspiele" von Hajo Bücken nachlesen.

Es ist auch schön für Ihr Kind, wenn es ein wenig zaubern lernt. Zum einen macht das Spaß, und zum anderen fördert es die Fähigkeit, sich schnell einer Situation anzupassen, sowie die Fingerfertigkeit. Diese Eigenschaften werden auch in der Schule gebraucht, zum Beispiel wenn auf einem Arbeitsblatt Plus- und Minusaufgaben vermischt sind und die Kinder schnell von der einen Rechenart zur anderen umschalten müssen.

Jonglieren ist ebenfalls eine wunderbare Ausgleichsbeschäftigung. Der Spieler muß fortwährend die Mittellinie kreuzen und spricht dadurch beide Gehirnhälften an. Schnelle, koordinierte Bewegungen verbessern das Körpergeschick. Die Augen werden geschickter und können immer besser den Bewegungen der fliegenden Gegenstände folgen. Schnelle, sichere Augenbewegungen brauchen wir auch beim Lesen und beim Blickwechsel von nah auf fern und von fern auf nah. Das ist eine für Schüler alltägliche Situation. Erst schauen sie auf die Tafel, dann ins Heft oder ins Buch und wieder zurück zur Tafel oder zum Lehrer. Es genügt auch schon, aus dem Heft ins Buch und wieder zurück ins Heft zu schauen und jeweils die Stelle zu finden, die gerade gelesen werden muß, um schlecht integrierte Augen zu ermüden.

Falls Ihr Kind Schwierigkeiten hat, mit seinen Augen schnellen Bewegungen zu folgen, dann geben Sie ihm anfangs zum Jonglieren Tücher. Es kann zu Beginn nur eines in die Luft werfen und wieder auffangen. Die Tücher bewegen sich langsamer als Bälle. Statt der Bälle können Sie auch aufgeblasene Luftballons verwenden. Es gibt auch spezielle Bälle, die länger in der Luft bleiben. Bezugsquellen für diese Bälle können Sie bei Therapeuten erfahren. Sie können diesen Lernprozeß unterstützen durch Taschenlampenspiele und das gleichzeitige sanfte Massieren der Augenpunkte, die ich im Zusammenhang mit kinesiologischen Übungen beschrieben habe.

Kaufen Sie Ihrem Kind jetzt nicht überstürzt die verschiedensten Geschicklichkeitsspiele. Schauen Sie, was Sie haben und was Sie verwenden können. Sie werden erstaunt sein, was ein anderer Blickwinkel aus vorhandenem Material macht. Dann entscheiden Sie sich für einige wenige Anschaffungen. Vielleicht steht demnächst ein Geburtstag oder Weihnachten an. Dann können Sie sich vielleicht das eine oder andere wünschen.

Und nachmittags volles Programm?

Manche Schulkinder haben einen Terminkalender wie ein Manager. Jeden Tag haben manche Kinder einen festgelegten Programmpunkt. Sie bekommen Flötenunterricht, nehmen an einem Französischkurs für Grundschüler teil und schwimmen außerdem im Schwimmverein. Die Nachbarin bietet auch noch Töpfern an. Ist das nicht zu viel?

Mit Sicherheit behindert ein zu dichtes Programm ein unbeschwertes, ausgiebiges Spiel. Insbesondere Kinder mit Lernstörungen sollten nur solche Nachmittagsveranstaltungen besuchen, die ihnen Spaß machen. Die Schule ist für sie Plage genug. Die Kurse, die sie besuchen, müssen mit Bedacht ausgesucht werden, denn sie sollen Erfolgserlebnisse vermitteln und damit einen Ausgleich zu den Mißerfolgen darstellen und zugleich Fähigkeiten fördern, die das Kind noch nicht in ausreichendem Maße hat. Zwei Nachmittagskurse und ansonsten spielen, basteln und herumtollen mit Freunden oder auch einmal zu Hause trödeln, das scheint mir das richtige Mittelmaß zu sein.

Wenn Sie für Ihr Kind nach der geeigneten Freizeitbeschäftigung suchen, dann achten Sie auf bestimmte Anhaltspunkte. Bedenken Sie, daß an oberer Stelle eine Verbesserung der Körperwahrnehmung und Körpergeschicklichkeit steht. Dann überlegen Sie, ob Ihr Kind eine klare, übersichtliche Struktur und eine kleine Gruppe braucht. Machen Sie sich anschließend die Stärken Ihres Kindes bewußt. Denn es ist wichtig, bei den Stärken und nicht bei den Schwachpunkten anzusetzen.

Wenn Ihr Kind sehr unsportlich sein sollte, dann geben Sie es nicht in einen Sportverein herkömmlicher Prägung, so, wie Sie auch nie ein Kind, das keinerlei Rhythmusgefühl hat, in den Musikverein stecken würden.

Zuletzt überlegen Sie, wo Ihr Kind, falls es in einen Sportverein gehen möchte, aber nicht sehr sportlich ist, am besten aufgehoben ist. Manche Sportvereine sind stärker leistungsorientiert als andere. Bei körperlich etwas ungeschickten Kindern kann Leistungsdruck die anfängliche Freude schnell dahinschmelzen lassen. Und genau das sollte nicht passieren.

Als besonders geeignete Sportarten möchte ich Schwimmen, Voltigieren oder auch Reiten sowie die verschiedenen Kampfsportarten und Trampolinspringen nennen. Sie regen den Gleichgewichtssinn intensiv an und verbessern in vielerlei Hinsicht die Körpergeschicklichkeit. Dadurch fördern sie zugleich die Integration der Gehirnhälften. Die genannten Sportarten ermöglichen von Anfang an Erfolgserlebnisse, während beispielsweise das Handballspiel in der Mannschaft etliche Fähigkeiten voraussetzt, ohne die ein Kind häufigen Mißerfolgserlebnissen ausgesetzt ist. Durch das Betreiben dieser Sportarten können Kinder Fähigkeiten entwickeln, die ihnen auch zu mehr Geschick bei anderen Sportarten wie zum Beispiel dem Handballspiel in der Mannschaft verhelfen.

Auf das Schwimmen möchte ich nicht näher eingehen, da es allgemein bekannt ist. Das Voltigieren dürfte dagegen weniger bekannt sein. Beim Voltigieren werden gymnastische Übungen auf einem im Schritt laufenden oder galoppierenden Pferd ausgeführt. Diese Sportart bezieht den Kontakt zum Pferd mit ein. Die gefühlsmäßige Verbindung erhöht die Freude an dem Sport. Beim Voltigieren muß das Kind sich ganz auf die Bewegungen des Pferdes einlassen und sie in sich aufnehmen. Das Voltigieren verstärkt das Körperbewußtsein, verbessert die Koordination und vermittelt das Gefühl der Standfestigkeit.

Auch Reiten fördert Körpergeschick und Gleichgewichtsvermögen. Vielleicht ist Ihr Kind aber mit der Teilnahme an einer üblichen Reitstunde überfordert, und Sie wollen ihm dennoch das Reiten ermöglichen. Haben Sie schon einmal daran gedacht, in den umliegenden Reiställen einen Anschlag anzubringen und zu fragen, wer bereit ist, Ihrem Kind für einen begrenzten Zeitraum gegen Bezahlung Führrunden in Ihrer Begleitung auf seinem Pferd, am besten einem Pony, zu ermöglichen. Vielleicht meldet sich jemand. Es ist wichtig, daß derjenige Erfahrung und Umgang mit Pferden hat und die Reaktionen eines Pferdes richtig einschätzen kann. Es wäre schön, wenn er bei den Reitstunden für Ihr Kind neben dem Führen im Schritt auch dem Umgang mit dem Pferd Raum gibt. Sprechen Sie mit ihm offen über mögliche Ängste und Schwierigkeiten Ihres Kindes – das soll es aber nicht mitbekommen –, damit er auch von Anfang an einfühlsam auf Ihr Kind eingehen kann. Es ist wichtig, daß Sie die Führrunden zu zweit begleiten, da weder Sie als Elternteil noch derjenige, der das Pferd vielleicht zur Verfügung stellt, Reitpädagogen sind. Der eine führt das Pferd, und der andere ist nur für das Kind da. Aus Sicherheitsgründen sollte das Pferd einen Gurt mit Haltegriffen angelegt bekommen und, wenn es einen solchen nicht gibt, einen Sattel.

Wenn Ihr Kind absolut nicht auf das Pferd möchte, dann braucht es vielleicht noch mehr Zeit für das Kontaktfinden. Zeigen Sie ihm, wie man den Stall ausmistet, was das Pferd frißt und lassen es die Mähne bürsten. Reden Sie nicht auf es ein, wenn es mit einer Tätigkeit nicht zurecht kommt, sondern führen Sie seine Hände sanft mit den Ihren. Legen Sie Ihre Hände auf seine Hände, so daß Ihre Fingerspitzen auf den seinen liegen und führen Sie gemeinsam mit ihm die notwendigen Bewegungen aus. So kann Ihr Kind unter Ihrer behutsamen, aber eindeutigen Führung lernen, eine Tätigkeit zu verrichten. Es ist wichtig, daß die Zeit, die Ihr Kind mit dem Pferd verbringt, ihm Spaß macht, so daß es gerne wiederkommt. Bemühen Sie sich um Ihre innere Ruhe. Dann fühlt auch Ihr Kind sich wohl. Die Intensität des Erlebnisses steht im Vordergrund und nicht die Anzahl der gerittenen Runden. Diese Form des Reitens kommt dem Heilpädagogischen Reiten nahe, auf das ich an anderer Stelle noch einmal zu sprechen kommen werde.

Des weiteren empfahl ich für eine Verbesserung des Körperbewußtseins Kampfsportarten. Der Gleichgewichtssinn wird bei allen fortwährend angeregt, und bestimmte Haltungen oder Griffe müssen betrachtet und anschließend nachgeahmt werden. Das Nachmachen von Körperstellungen ist eine gute Übung gerade für Kinder mit Lernproblemen. Denn die schulischen Schwierigkeiten fußen ja meistens auf der Schwierigkeit, Formen und Figuren zu erkennen und richtig wiederzugeben.

Ich kenne mich bei den verschiedenen Kampfsportarten nicht gleich gut aus, am meisten kann ich zu Taekwondo sagen. Mit dieser Sportart habe ich gute Erfahrungen gemacht. Bei Taekwondo ist ein klarer, disziplinierter Rahmen vorgegeben, der zwischendurch, zumindest bei Kindern, durch ein kurzes Spiel aufgelokkert wird. Jedes Kind hat einen festen Platz im Raum, zu dem es immer wieder zurückkehrt. Die Kinder üben einzeln oder paarweise. Beim Training der Bewegungsabläufe dürfen sie sich nicht berühren, sondern müssen ihre Tritte und Stöße unmittelbar vor dem Körper des Partners abstoppen. Dabei lernen sie ihren Körper zu beherrschen und Grenzen zu respektieren. Bei Taekwondo ist das Erlernen von Bewegungsabläufen wesentlich. Das ist gerade für Kinder mit Teilleistungsstörungen oftmals schwierig. Irgendwann haben aber auch sie die Bewegung gespeichert und können sie ausführen. Bewegungsabläufe sind Handlungsabläufe, denn gleichzeitig mit der Bewegung vollzieht sich eine Abfolge mit Anfang, Mitte und Ende. Daher verbessert sich die Fähigkeit, eine Handlung zu planen, in dem Maß, in dem die Bewegungsplanung sicherer wird. Auch wird die Konzentrationsfähigkeit mit einer zunehmenden Sicherheit in der Handlungs- und Bewegungsplanung größer. Außerdem wächst das Selbstbewußtsein eines Kindes mit dem Können.

Manche Sportvereine bieten Trampolinspringen an. Das ist auch eine Sportart, bei der das Gleichgewichtsvermögen und die Körperbeherrschung in besonderem Maße gefördert werden.

Überlegen Sie, welche Sportart Sie für Ihr Kind als geeignet empfinden und welche ihm Spaß machen könnte. Sehen Sie das Programm des örtlichen Sportvereins durch und schauen, welche Möglichkeiten überhaupt an Ihrem Wohnort oder in erträglicher Nähe bestehen. Erkundigen Sie sich bei anderen Eltern und auch beim Sportverein, ob sie einen Übungsleiter empfehlen können, der mit unsportlichen und vielleicht verhaltensauffälligen Kindern zurechtkommt und der kein besonders hohes Leistungsniveau anstrebt. Der richtige Übungsleiter ist meist noch wichtiger als die Wahl einer bestimmten Sportart. Versuchen Sie, Ihr Kind für eine Sportart zu erwärmen. Vielleicht findet sich ein Freund oder eine Freundin, der/die auch mitmachen möchte. Dann ist der Anfang etwas leichter. Wenn Sie und Ihr Kind sich für eine Sportart entschieden haben, dann bedenken Sie, daß es sinnvoll ist, über einen längeren Zeitraum, das heißt mindestens ein Jahr, bei einer Sportart zu bleiben.

Und wenn Sie der Meinung sein sollten, daß Ihr Kind mehr schwimmen sollte, Sie aber keinen Kurs finden oder auch keinen wahrnehmen wollen, dann nehmen Sie sich am besten einen festen Tag in der Woche vor und gehen selber mit ihm zum Schwimmen. Ich verabrede mich dann gerne mit einer Freundin, so gewöhne ich mich leichter an die Regelmäßigkeit. Außerdem kann man sich vielleicht einmal mit dem Schwimmengehen abwechseln.

Wenn ein Kind tatsächlich deutliche Probleme mit der Koordination und auch mit dem Turnen und Schwimmen in größeren Gruppen hat, dann ist es wichtig, daß die Eltern den Rat eines Ergotherapeuten oder Motopäden einholen. Falls sie weder einen Ergotherapeuten noch einen Motopäden in ihrer Nähe finden, dann haben Sie vielleicht noch eine andere Möglichkeit. Sie können versuchen, ihr Kind zu psychomotorischen Übungsstunden anzumelden. Einige Sportvereine und Sportverbände bieten bereits solche Stunden an. Auf diese Hilfe durch ausgebildete Fachkräfte komme ich in einem anderen Kapitel noch zu sprechen.

Mit der Entscheidung für eine Sportart ist ein Nachmittag Ihres Kindes verplant. Möchten Sie ihm noch eine weitere Beschäftigung außer Haus anbieten? Wenn ja, dann bietet sich unter anderem Töpfern an. Töpfern ist hervorragend geeignet, denn es bietet reichlich Erfahrungen für den Tastsinn und fördert die Fingergeschicklichkeit. Darüber hinaus vermittelt es Eindrücke von räumlichen Beziehungen. Und der Phantasie sind keine Grenzen gesetzt. Am Ende haben die Kinder ein greifbares Ergebnis in Händen, das sie selbst freut und mit dem sie auch anderen eine Freude machen können, wenn sie es verschenken wollen. So fördert das Töpfern die ganzheitliche Entwicklung in optimaler Weise.

Vielleicht haben Sie nicht die Möglichkeit, Ihrem Kind einen Töpferkurs anzubieten. Sie könnten auch zu Hause mit ihm zusammen töpfern. Viele Bastelgeschäfte, die Ton verkaufen, bieten ihren Kunden die Möglichkeit an, die getöpferten Sachen zu ihnen zu bringen und sie in dem geschäftseigenen Brennofen zu brennen. Dort werden Sie sich auch beraten lassen können, falls Sie noch keine eigenen Erfahrungen mit dem Töpfern haben. So sind Sie nicht auf einen Kurs angewiesen.

Mancherorts werden Rhythmikstunden angeboten. Falls Ihr Kind daran Spaß hat, können Sie ihm auch dazu raten. Denn auch sie tragen dazu bei, das Körperbewußtsein und die Koordination zu verbessern. Ein sicheres Gefühl für Rhythmik braucht das Schulkind unter anderem beim lauten Lesen und beim Erkennen von Silbengrenzen. Der Rhythmus verleiht der Musik Struktur. Und eben diese Struktur lassen Kinder mit Lernproblemen bei ihrem Planen und Handeln oft vermissen. So fördert eine rhythmische Unterweisung in vielerlei Hinsicht die ganzheitliche Entwicklung und hilft somit auch für die Schule.

Musikunterricht ist aus dem gleichen Grund zu empfehlen. Die frühmusikalische Erziehung wird oft mit einem Xylophon oder einer Blockflöte empfohlen. Später wird hauptsächlich Unterricht in Flöte, Gitarre oder Klavier erteilt. Beim Spielen eines Musikinstruments wird die Koordination zwischen den beiden Händen und den Augen gefördert, und beim Flöten kommt noch das bewußte Atmen dazu. Auf die Bedeutung des Rhythmus habe ich bereits hingewiesen. So fördert Musikunterricht die Körperkoordination und in besonderem Maße die Fingerfertigkeit.

Kinder mit Koordinationsstörungen sind mit dem Erlernen der genannten Musikinstrumente oft überfordert. Für sie ist es vorteilhaft, die Musik erst einmal mit ihrem Körper spüren zu können. Wenn sie eine Trommel zwischen die Beine nehmen und einen Rhythmus auf der Trommel schlagen, dann können sie die Vibration unmittelbar mit ihren Händen und auch Beinen wahrnehmen. Vielleicht finden sie Spaß daran, als Ersatz für eine Trommel einen runden Waschmittelkarton oder etwas ähnliches zu verwenden und darauf den Rhythmus zu einem Lied zu klopfen. Nach einiger Zeit können sie dann zu einem anderen Instrument übergehen.

Es kann sein, daß Ihr Kind lernen möchte, Klavier zu spielen, jedoch über eine so schlechte Koordination und auch eine so schwache Merkfähigkeit für Text und Melodie verfügt, daß Sie der Meinung sind, daß es dazu nicht in der Lage sein wird. Unter Verwendung kleiner, aber wesentlicher Hilfen können Sie dennoch auf seinen Wunsch eingehen. Sie können ihm ja nur die ersten Takte einer Melodie beibringen. Helfen Sie ihm, sich die Reihenfolge der Töne zu merken, indem Sie auf die verschiedenen Tasten des Klaviers Merkkleberchen kleben, die Sie der Reihenfolge nach numerieren. Mit der Zeit kann Ihr Kind dann dieses Takte aus dem Gedächtnis spielen. Vielleicht finden Sie einen Klavierlehrer, der bereit ist, Ihr Kind trotz seiner Schwächen als Schüler anzunehmen. Der Musikunterricht hat dann eher therapeutischen Charakter, aber das brauchen Sie Ihrem Kind ja nicht zu sagen. Es soll sich freuen und stolz darüber sein können, daß es auch ein Instrument erlernt. Damit würde der Klavierlehrer einen kleinen, aber wertvollen Beitrag leisten, Lernproblemen in der Schule vorzubeugen oder sie abzubauen.

Beschränken Sie sich darauf, nur zwei Nachmittage Ihres Kindes zu verplanen. Wenn Ihnen weitere Beschäftigungen wichtig erscheinen, so bieten Sie sie ihm zu Hause an, wenn die Gelegenheit gerade günstig ist. Wenn Ihr Kind gerne werkelt und bastelt, so bieten Sie ihm, wenn möglich, eine Werkbank und Werkzeug an oder erlauben ihm, die Werkbank des Vaters zu benützen. Da hat Ihr Kind reichlich Gelegenheit, eigene Erfahrungen zu sammeln. Eine Werkbank im Kinderzimmer ist zwar ungewöhnlich, aber durchaus attraktiv und auch mit einer für mich erträglichen Menge an Schmutz verbunden.

Hektik und Reizüberflutung begünstigen Lernstörungen

Das leidige Thema Fernsehen

Das Fernsehen ist aus unserem Leben nicht wegzudenken. Es gibt interessante Filme und keinen Grund, das Fernsehen in Bausch und Bogen zu verteufeln. Es ist wichtig, mit dem Fernsehen angemessen umzugehen. Die Fernsehzeit ist zu begrenzen, und nur bestimmte Filme sind für Kinder geeignet. Ein eigener Fernseher für das Kinderzimmer ist jedoch in keinem Fall sinnvoll.

Das Fernsehen ist kein Ersatz für die Zuwendung der Eltern und darf auch nicht mißbraucht werden, um fröhliche, aber als zu laut empfundene Kinder zum Schweigen zu bringen.

Es ist wünschenswert, daß ein Elternteil gemeinsam mit dem Kind oder den Kindern einen Film anschaut, um zu wissen, was sich die Kinder überhaupt anschauen, Fragen beantworten und einzelne Situationen erklären zu können oder auch den Fernseher auszuschalten, wenn er bemerkt, daß der Film nicht geeignet ist.

Als Eltern müssen Sie sich darüber im klaren sein, daß ein großzügiger Fernsehkonsum Ihrem Kind schadet. Und das auch dann, wenn es nur Kinderfilme und keine Krimis anschaut. Durch das Stillsitzen vor dem Fernseher fehlt ihm die aktive Beschäftigung, die es in der Zwischenzeit ausführen könnte und die es auch für eine gesunde Entwicklung bräuchte, zum anderen überfordert die schnelle Bildfolge und der häufige Kamerawechsel Ihr Kind. Es kann nicht alle Bilder bewußt wahrnehmen und auch, wenn es sie erkennt, nicht unbedingt verstehen. So kommt es, daß Fernsehkinder überreizt werden, während ihnen die für ihre Entwicklung notwendigen Reize fehlen. Durch diesen Mangel an Erfahrungen werden Lernstörungen begünstigt. Es ist eine Tatsache, daß gerade Kinder mit Lernproblemen besonders gerne fernsehen, weil sie sich dann nicht laufend mit ihren Schwierigkeiten auseinandersetzen müssen. Doch brauchen gerade sie mehr Erfahrungen und mehr Zeit für diese Erfahrungen als andere Kinder und können es sich daher besonders wenig leisten, nur vor dem Fernseher zu sitzen.

Game boy und andere Computerspiele

Diese Spiele faszinieren fast alle Kinder und auch manche Erwachsene. Sie können kaum mehr aufhören, wenn sie damit angefangen haben. Sie sind regelrecht süchtig nach ihnen. Ich würde meinen Kindern keinen Game boy kaufen und auch keinen eigenen Computer. Wir Eltern haben einen Computer, in dessen Programm auch ein Computerspiel installiert ist. Unsere Kinder dürfen gelegentlich, das heißt alle ein, zwei Wochen einmal für eine halbe Stunde damit spielen.

Beim Spielen mit dem Game boy und bei Computerspielen schauen die Kinder wie gebannt mit den Augen immer auf fast den gleichen Fleck. Es erfolgen keine Überkreuzbewegungen, auch weitläufige Augenbewegungen unterbleiben, der Tastsinn ist bedeutungslos, ebenso der Geschmacks- und der Geruchssinn. Und auch der Gleichgewichtssinn wird nicht angeregt. Die Ohren werden nur für das Empfangen des Piepstons gebraucht. Die Lichtstrahlen aus dem Monitor überreizen auf Dauer die Augen und das ganze Kind. Der Bildschirm solcher Spiele hat außerdem im Vergleich zu den Bildschirmen, die Erwachsene für ihren Bedarf auswählen, eine schlechte Auflösung.

Dennoch fasziniert das Spielen mit Game boy und Computer die Kinder. Das hat vielleicht etwas damit zu tun, daß gerade die Kinder, bei denen eine gestörte Reizverarbeitung vorliegt, die intensiven Reize dieser Spiele schätzen, da die normalen Umweltreize sie auf Grund ihrer Probleme nicht immer so intensiv erreichen. Umgekehrt gibt es Kinder, auf die zu viele Reize einströmen, da ihr Gehirn Reize nicht ausreichend hemmen kann. Daher kann es gleichsam zu elektrischen Feuerwerken in ihrem Gehirn kommen, die sich als epileptische Anfälle äußern. In England sind mehrere Fälle bekannt geworden, in denen Kinder beim Elektronikspiel epileptische Anfälle erlitten. In Japan wurden ähnliche Beobachtungen gemacht. Die Kinder merken nicht selber, wann es ihnen zu viel wird, sonst käme es nicht zu solchen Vorfällen.

Eltern, die Ihren Kindern das Spielen mit Game boy und Computer erlauben, müssen diese Gefahren kennen, um sich bewußt entscheiden zu können. Zusätzlich ist die Tatsache von Nachteil, daß diese Spiele wie auch das Fernsehen die Kinder von anderen, gewinnbringenden Tätigkeiten und Spielen abhalten, die für ihre gesunde Entwicklung fundamentale Bedeutung haben, da sie Voraussetzung für erfolgreiches Lernen sind. So besteht ein direkter Zusammenhang zwischen häufigem Elektronikspielen und Lernstörungen. Wenn diese Spiele das Spiel mit Freunden ersetzen, dann sind zusätzlich soziale Störungen zu erwarten.

Hat Ihr Kind zu viele Spielsachen?

Ein Überangebot an Spielsachen ist für ein phantasievolles Spiel hinderlich, insbesondere wenn alle Spielsachen offen in einem Regal liegen und zum Herausholen reizen. Manchmal stehen Kinder ratlos vor ihrem Regal, schauen sich der Reihe nach die Spiele an und wissen nicht, wohin sie zuerst greifen soll. Wenn es Ihrem Kind auch so geht, dann reduzieren Sie das Angebot, sortieren Sie gemeinsam mit Ihrem Kind die Spiele und Spielsachen aus, mit denen es kaum spielt und bringen sie in den Keller oder geben sie an kleinere Kinder ab.

Wenn Sie einmal neue Spiele ausprobieren wollen, dann leihen Sie welche in der Stadtbibliothek aus. Spiele und Spielsachen kann Ihr Kind außerdem auch mit Freunden austauschen und so eine größere Abwechslung haben, ohne alles gleichzeitig besitzen und im Zimmer verstauen zu müssen.

Ein Überangebot an Spielsachen führt nicht nur zu einer Übersättigung, sondern auch zu einer verminderten Bereitschaft, Dinge so lange zu probieren, bis sie schließlich gelingen. Nehmen wir an, ein Kind besitzt für das Spiel im Freien nur einen Peitschenkreisel. Es wird solange versuchen, den Kreisel zum Tanzen zu bringen, bis er sich dreht, vor allem, wenn auch die anderen Kinder einen Peitschenkreisel haben und damit vor dem Haus spielen. Unsere Kinder bringen diese Bereitschaft nur noch selten mit. Sie geben schnell auf und wenden sich einem anderen Spielzeug zu, mit dem sie zurecht kommen. Sie wollen ihre Schwierigkeiten aber nicht vor sich und den anderen zugeben müssen, weil dann ihr Selbstwertgefühl zusammenbricht, insbesondere wenn sie häufig Mißerfolge hinnehmen müssen. Darum sagen sie in solchen Situationen meistens nicht: „Ich kann das nicht, es fällt mir zu schwer." Sie flüchten sich statt dessen auf die intellektuelle Ebene und sagen: „Das ist doof, ich habe keinen Spaß daran." Dieses Verhalten ist ein Selbstschutz und als solcher legitim. Schuld daran ist nicht die mangelnde Anstrengungsbereitschaft des Kindes, sondern das mangelnde oder falsche Angebot des Umfeldes an die Kinder, zu lernen mit Mißerfolg umzugehen und etwas so lange zu versuchen, bis sich der Erfolg einstellt.

Die mangelnde Bereitschaft, Geduld aufzubringen und Enttäuschungen und Mißerfolge hinzunehmen, ist für die Lehrer in der Schule oft problematisch. Sie klagen darüber, daß die Kinder schnell aufgeben und wütend das Heft wegschieben oder ein Papier zerreißen. Das gleiche Problem kennen Eltern von zu Hause.

Den wenigsten kommt es in den Sinn, daß dieses unerwünschte Verhalten nicht nur, aber auch mit dem Überangebot an Spielsachen in Zusammenhang zu bringen ist.

Jedes freie Wochenende eine kleine Reise?

Viele Kinder sind ganz einfach deshalb überreizt, weil ihre Eltern jedes Wochenende verreisen. Ich weiß von einem Kind, das freitags immer gleich mit dem Wohnmobil von der Schule abgeholt wird und am Montag morgen pünktlich um 8 Uhr aus dem Wohnmobil vor der Schule wieder aussteigt. Das ist sicher ein Extremfall. Aber die Situation wirft ein Schlaglicht auf unsere Gesellschaft.

Durch die Mobilität haben die wenigsten Familien alle näheren

Angehörigen und Freunde in der Nähe. Um sie zu besuchen, müssen sie Reisen unternehmen. Fast alle Familien haben ein Auto, da ist es leicht, ins Auto zu steigen und am Wochenende zu verreisen. Doch was bedeuten diese Wochenendfahrten für die Kinder?

Sie haben keine Zeit, nach der anstrengenden Schulwoche so richtig zur Ruhe zu kommen und einfach locker zu lassen. Sie finden kaum Zeit, ihre Hausaufgaben vom Freitag ordentlich zu erledigen. Am Wochenende können sie sich nicht mit ihren Freunden treffen und mit ihnen spielen, weil die Eltern mit ihnen wegfahren. Vielleicht mögen sie ja die Leute, die sie besuchen. Vielleicht haben sie aber auch kein Interesse mitzufahren. Könnten die Kinder dann nicht bei Freunden daheim bleiben, bis die Eltern zurückkommen?

Gelegentliche Reisen verkraften Kinder im allgemeinen. Ein Übermaß an Mobilität belastet sie aber und nimmt ihnen die innere Ruhe bzw. läßt sie diese nicht finden. Gerade Kinder mit Lernproblemen haben mit der Schule und dem Alltag genug Belastung. Wenn sie durch die Aktivitäten in der Freizeit übermäßig belastet werden und auch am Wochenende Ortswechsel und neue Gesichter verarbeiten müssen, dann werden ihre Probleme in der Schule noch schlimmer. Auch wenn anfangs nur unerhebliche Probleme mit dem Lernen bestanden, können durch eine allgemeine Überanstrengung daraus ernsthafte Schwierigkeiten erwachsen. Eltern müssen sich darüber im klaren sein, um sich verantwortungsbewußt entscheiden zu können.

Kinder brauchen einen klaren Rahmen und eine feste Ordnung. Dies trifft insbesondere für Kinder zu, die Probleme haben, welcher Art sie auch immer sind.

Einige Schadstoffe sind vermeidbar

Immer mehr Menschen zeigen allergische Reaktionen auf die unterschiedlichsten Stoffe. Offensichtlich sind wir einer zu großen Zahl von Reizen ausgesetzt, so daß unser Körper auf einzelne Stoffe mit Überreaktionen antwortet. Die Bereitschaft zu allergi-

schen Reaktionen ist dann besonders hoch, wenn ein Mensch außerordentlichen Belastungen ausgesetzt ist.

Dies trifft auch auf Kinder mit Wahrnehmungsstörungen zu.
Da ihr Gehirn die von den Sinnesorganen ankommenden Informationen nur unzulänglich umsetzen kann, benötigen sie laufend Aufmerksamkeit, um die Störungen im Wahrnehmungsprozeß zu kompensieren, die sie bei den verschiedensten alltäglichen
Geschehen in Alltag und Schule beeinträchtigen. Allein durch
ihre Wahrnehmungsstörungen sind solche Kinder nahezu andau-
ernd einer außerordentlichen Belastung ausgesetzt und oft am
Rande ihrer Belastbarkeit.

So kommt es, daß sie weitere Störungsfaktoren nur schwer ertragen können. Das erklärt ihre erhöhte Bereitschaft zu allergischen Reaktionen. Diese Reaktionen äußern sich in Hautverände-
rungen, in Juckreiz oder in einer allgemeinen körperlichen
Unruhe. So ist es einleuchtend, daß bei unruhigen Kindern eine
Ernährungsumstellung auf Produkte ohne chemische Zusatzstoffe hilfreich sein kann. Ein kleiner Prozentsatz der unruhigen
Kinder ist allein durch das Weglassen dieser Zusatzstoffe binnen
weniger Tage symptomfrei.

Die Bereitschaft zu allergischen Reaktionen geht bei Kindern
mit Wahrnehmungsstörungen in dem Maß zurück, in dem diese
Störungen abgebaut werden. Die Kinder sind dann nicht mehr am
Rande der Belastbarkeit und können leichter mit alltäglichen Belastungen umgehen. Es fällt ihnen dann leichter, mit Konflikten
und Mißerfolgen umzugehen, ausdauernd und konzentriert zu
handeln, auch einmal zu warten, kurzum sozial angemessen zu
reagieren. Ebenso und aus dem gleichen Grund verkraften sie
leichter Allergene in der Nahrung und in der Luft. Sie können mit
ihnen in Berührung kommen, ohne gleich Symptome zu entwik-
keln.

Zahlreiche Lebensmittel, die wir in Läden kaufen, sind mit
Konservierungsstoffen und anderen chemischen Zusätzen verse-
hen. Da sie für den Körper belastend sind, ist es ratsam, sie beim
Kauf möglichst zu umgehen. Dies gilt insbesondere für Kinder
mit Wahrnehmungsstörungen. Unbehandelte Produkte gibt es in
Naturkostläden und Reformhäusern. Wer Obst und Gemüse im

118

eigenen Garten zieht, hat die Möglichkeit, auf chemische Dünge-
mitteln und Gifte zu verzichten. Aus dem gleichen Grund bevor-
zuge ich beim Einkaufen einheimisches Obst und Gemüse der
Jahreszeit.

Seien Sie auch wachsam in bezug auf die versteckten Gifte in
Möbeln und Teppichen. Es ist ratsam, sich gerade beim Kauf von
Einrichtungsgegenständen für das Kinderzimmer nach der Einhal-
tung von Grenzwerten zu erkundigen. Es ist bekannt, daß Formal-
dehyd das Gehirn schädigt und mit der Entstehung von
Lernstörungen in Verbindung gebracht wird.

Unterstützung der Entwicklung durch Therapeuten

Heilpädagogisches Reiten

Heilpädagogisches Reiten ist ein Teilbereich des Therapeutischen Reitens und eignet sich für Kinder, Jugendliche und Erwachsene gleichermaßen. Es ist eine ganzheitliche Methode, bei der mit Hilfe des Pferdes eine individuelle, ganz auf die jeweiligen Bedürfnisse abgestimmte Förderung im körperlichen, geistig-seelischen, sozialen und emotionalen Bereich möglich ist. So ist es auch für Kinder mit Lernproblemen geeignet. Denn es hilft ihnen, die für Kinder mit Teilleistungsstörungen typischen motorischen Defizite aufzuholen und stabilisiert ihr oft beeinträchtigtes Selbstwertgefühl und Sozialverhalten.

Heilpädagogisches Reiten wird durchgeführt von speziell ausgebildeten Reitpädagogen. Diese haben in der Regel einen pädagogischen oder psychologischen Grundberuf. Ausgangspunkt dieses therapeutischen Ansatzes ist das angeborene, natürliche Bedürfnis eines jeden Menschen, mit Lebendigem umgehen zu wollen. Normalerweise wird dieses Bedürfnis im zwischenmenschlichen Umgang mehr oder weniger befriedigt. Sind jedoch die sozialen Beziehungen aus welchen Gründen auch immer gestört, so kann ein Tier ersatz- und zeitweise an die Stelle des Menschen treten. Es wird eingesetzt, um Sozialisationsprozesse in Gang zu setzen.

Ein Pferd bzw. ein Pony eignet sich in besonders guter Weise. Es bietet vielfältige und anspruchsvolle Kontaktmöglichkeit und löst eine emotionale Wirkung im Sinne von Achtung und Autorität aus, was erst erwünschte soziale Lernprozesse ermöglicht. Es fordert zu zwischenmenschlich-ähnlichen Beziehungen geradezu heraus. Das Sozialverhalten von Pferden ähnelt menschlichen Verhaltensweisen, darum läßt sich das Pferd gut in Erziehungsprozesse einplanen. Kinder können in der Beziehung mit dem Pferd unterschiedliche, überwiegend positive Beziehungsinhalte erleben. Denn das Pferd zeigt Zuwendung, aber auch Zurückhaltung, es verhält sich eindeutig und offen, es zeigt freudige oder auch ärgerliche Ungeduld, es kann nervös und ängstlich sein und zufrieden-ausgeglichen. Sie machen die Erfahrung, daß ein Pferd sie annimmt, wie sie sind, und daß ihr eigenes Verhalten beim Pferd nicht unbedingt aggressive oder negative Reaktionen hervorruft. Es ist in der Regel gutmütig, rächt sich nicht, straft nicht und trägt auch nicht nach.

Durch ihr Verhalten fordern Pferde Kinder zum Handeln und Reagieren auf. Da sie sich nicht durch Worte, sondern durch Körpersprache äußern, müssen Kinder sie aktiv beobachten und sich in sie einfühlen. In ihren Reaktionen sind Pferde gleichbleibend und dadurch für ein Kind vorausberechenbar. So sind Pferde erzieherisch konsequent. Läßt sich ein Kind um der emotionalen Erlebnisse willen auf eine Beziehung zum Pferd ein, so kann dieses für es Kamerad, Freund oder Partner sein, mit dem es gemeinsam aktiv werden möchte.

Das Pferd kann eine Vielzahl von Bedürfnissen befriedigen. Dies sind in erster Linie Bedürfnisse nach positiver Zuwendung, Wärme und Hautkontakt, des weiteren nach Bewegung, Getragenwerden, Sich-Fortbewegen, Überlegenheit usw. Darüber hinaus gehören aber auch vielerlei Tätigkeiten zum Umgang mit dem Pferd, wie etwa das Putzen, Pflegen, Führen und Füttern.

Die emotionale und soziale Beziehung zum Pferd löst Lernprozesse aus, die sich auf andere Lebensbereiche übertragen lassen. Sie kann beim Kind die Bereitschaft wecken, Leistungsanforderungen zu bewältigen, Arbeiten beim Umgang mit dem Pferd zu übernehmen, Verantwortung zu lernen, Selbständigkeit und Selbstbewußtsein zu entwickeln. Darüber hinaus verbessert Heilpädagogisches Reiten die Kommunikationsfähigkeit und die Kooperationsfähigkeit, es fördert Durchsetzungsvermögen, Ausdauer und Konzentrationsfähigkeit. Das alles sind Fähigkeiten, die ein Kind braucht, um in seinem Alltag in der Schule und mit Gleichaltrigen bestehen zu können und um einmal ein lebenstüchtiger Erwachsener zu werden.

Die grundlegende Basis des Heilpädagogischen Reitens ist das Beziehungsdreieck und seine Wechselwirkungen zwischen dem Kind, dem Pferd und dem Reitpädagogen. Daher wird immer mit der emotionalen Kontaktaufnahme zum Pferd begonnen. Ein Kind soll dabei mit allen seinen Sinnen das Pferd als Lebewesen wahrnehmen und sein Wesen, seinen Körper und seine Bewegungen in Erfahrung bringen. Dadurch entsteht zwischen dem Kind und dem Pferd ein Vertrauensverhältnis. Fast alle Handlungen laufen direkt über das Pferd, wobei sich der Reitpädagoge bewußt zurückhält, um so dem Kind Freiraum für seine Eigenaktivitäten zu schaffen.

Daran schließt sich erst das Reiten an. Es findet lange Zeit nur auf dem ruhig im Schritt geführten Pferd statt. Bei besonders ängstlichen Kindern kann anfangs sogar eine längere Phase auf dem stehenden Pferd nötig sein. Die Kinder sitzen dabei auf dem blanken Pferderücken und halten sich zum Ausbalancieren solange als nötig an der Mähne fest. In besonderen Fällen wird dem Pferd ein Haltegurt angelegt. Bei dieser Art des Reitens kann ein Kind die Wärme und die Bewegungen des Pferdes besonders deutlich wahrnehmen und darüber auch sich selbst. Die Bewegungen des Pferdes verlaufen in drei Richtungen, vorwärts, seitlich und herauf und herunter. Dadurch überträgt das Pferd dreidimensionale Schwingungsimpulse und Drehbewegungen auf das Becken des Reiters, die von dort auf den Rumpf übertragen werden. Diese Bewegungsabläufe entsprechen den menschlichen Bewegungen beim Gehen. Das passive Bewegtwerden auf dem Pferderücken hat eine stark lockernde und entspannende Wirkung. Außerdem wirken Beschleunigungs- und Zentrifugalkräfte auf den Reiter ein, die seinen Gleichgewichtssinn stimulieren und eine andauernde Anpassungs- und Koordinationsleistung erfordern. Zusätzlich verbessert sich beim Reiten die Atmung, was sich positiv auf die Sprache des Kindes auswirken kann. Weitere Effekte sind die günstige Beeinflussung der Magen-, Darm- und Harnperistaltik.

Es gibt eine Vielzahl von Übungen, um Kinder auf phantasievolle und spielerische Art individuell im motorischen, emotionalen, geistigen und sozialen Bereich zu fördern. Oftmals werden

Materialien eingesetzt, wie Bälle, Tücher, Reifen, Sandsäckchen, Gummiringe, Dosen, Stäbe, Trommeln und anderes mehr.

Das Heilpädagogische Reiten findet je nach Zielsetzung in Einzellektionen oder auch in Kleingruppen von 2 bis 5 Kindern statt. Bei letzterem ist es auch möglich, daß die Kinder zu zweit oder eventuell auch zu dritt Partnerübungen auf dem Pferd machen, sich gegenseitig führen oder Materialübungen ausführen, um darüber vor allem soziale Fähigkeiten zu erlernen. Das Heilpädagogische Reiten wird sowohl auf dem Reitplatz wie auch im Gelände durchgeführt. Dabei muß schlechtes Wetter kein Hinderungsgrund sein, im Gegenteil, denn das damit verbundene Naturerleben kann ebenso wesentlich für die Förderung und Entwicklung des Kindes sein.

Für das Heilpädagogische Reiten eignen sich sowohl Pferde wie auch Ponys. Die Pferderasse ist nicht entscheidend. Wesentliche Kriterien sind ein gutmütiger Charakter, ein ausgeglichenes Temperament, wache Reaktionen und gute Gangarten.

Um zumindest 2 bis 4 Grobziele durch das Heilpädagogische Reiten zu erreichen, ist es nötig, daß ein Kind über einen Zeitraum von 12 bis 18 Monate regelmäßig einmal wöchentlich zum Reiten kommt. Eine Lektion dauert zwischen 30 und 60 Minuten.

Für Heilpädagogisches Reiten benötigen Eltern ein Rezept vom Arzt. Leider übernehmen die Krankenkassen die Kosten nicht generell, sondern haben sich Einzelfallentscheidungen vorbehalten. Somit hängt es von ärztlichen Gutachten, psychologischen Attesten und der ausdauernden Überzeugungskraft der Betroffenen ab, ob die Krankenkassen zahlen. Weitere finanzielle Förderungsmöglichkeiten bestehen je nach Problemstellung über das Jugendamt (Kinder- und Jugendhilfegesetz) oder das Sozialamt (Bundessozialhilfegesetz).

Heilpädagogisches Reiten verträgt sich mit anderen Therapien. Ein Kind kann beispielsweise neben Mototherapie oder Ergotherapie und Logopädie zum Heilpädagogischen Reiten gehen. Doch müssen die Eltern spüren, ob das nicht zuviel für ihr Kind ist und sich gegebenenfalls – am besten in Absprache mit einem Fachmann – für eine Therapie entscheiden.

Kontaktadressen für Heilpädagogisches Reiten sowie weitere

Informationen erhalten Sie über das Kuratorium für Therapeutisches Reiten sowie die Schweizerische Vereinigung für Heilpädagogisches Reiten und Voltigieren. Wenn es nur um eine Kurzinformation geht, dann steht Ihnen eine Reitpädagogin zur Verfügung, die mir ihr ausdrückliches Einverständnis zum Abdruck ihrer Adresse gegeben hat (vgl. Adressen im Anhang).

Ergotherapie oder Mototherapie?

Kinder mit Lernstörungen und ihre Eltern können sowohl bei einem Ergotherapeuten als auch bei einem Motopäden Hilfe finden. Therapeuten beider Richtungen helfen, die Ursachen der Lernprobleme zu erkennen, sie möglichst zu beheben und Strategien zu entwickeln, mit ihnen umzugehen. Die Eltern können sich entweder an einen Motopäden oder an einen Ergotherapeuten wenden. Beide können ihrem Kind helfen, vorausgesetzt sie haben Erfahrung mit lernauffälligen Kindern. In den meisten Fällen haben die Eltern nicht die Wahl zwischen einem Therapieplatz bei einem Ergotherapeuten oder bei einem Motopäden. Sie können froh sein, wenn sie für ihr Kind überhaupt einen Therapieplatz zugesagt bekommen.

Oft müssen die Eltern lange Wartezeiten hinnehmen. Das hängt damit zusammen, daß es noch sehr wenige ergotherapeutische und mototherapeutische Praxen gibt. Zudem dauert eine Therapie zwischen ein und drei Jahren. Dieser Zeitraum ist abhängig vom Alter des Kindes, vom Schweregrad der Störung und von der Mitarbeit der Bezugspersonen. So sind die einzelnen Therapieplätze jeweils lange besetzt.

Wenn auch Sie nur einen Platz auf der Warteliste haben, dann geben Sie nicht auf, weil Sie glauben, daß sich das lange Warten nicht lohnt, da die Probleme bis dahin vorbei sind oder Ihr Kind dann zu alt ist für eine Behandlung. Die Probleme verschwinden bestimmt nicht, sie verlagern sich höchstens. Sie haben sich, auch wenn es vielleicht niemand bemerkt hat, über Jahre hinweg aufgebaut, bis sie als therapiebedürftig erkannt wurden. Warten Sie also auf den Beginn der Behandlung und nützen Sie die Zeit, indem Sie sich in der Zwischenzeit mit der ganzen Problematik auseinandersetzen. Wenden Sie sich an die verschiedenen Organisationen und erbitten von ihnen Informationen, lesen Sie Bücher über Ursache und Auswirkungen der Lernstörungen und versuchen Sie, einige Anregungen aus diesem Buch umzusetzen. Dann können Sie später die Therapie besser unterstützen. Auf Ihre Mitarbeit, Ihre Motivation und Ihr Engagement wird es letztlich entscheidend ankommen. Nützen Sie also die Wartezeit.

Der günstigste Zeitpunkt für den Beginn einer ergotherapeutischen Behandlung ist beim ersten Auftreten von erkennbaren Wahrnehmungsstörungen, am besten schon im Säuglingsalter, auf jeden Fall aber so früh als möglich. Doch sind die meisten Kinder mit Lernproblemen, die beim Ergotherapeuten oder Motopäden zur Therapie angemeldet werden, erheblich älter. Der Großteil von ihnen besucht die zweite, dritte oder vierte Grundschulklasse. Auch älteren Kindern kann geholfen werden, doch stellen sich Erfolge bei ihnen langsamer ein als bei jüngeren Kindern, weil das Gehirn mit zunehmendem Alter Nervenzellenverbindungen nur mehr in geringerem Ausmaß herstellt.

Da ältere Kinder auf Grund ihrer Lernstörungen oftmals massive Verhaltensauffälligkeiten entwickelt haben, bedarf es bei ihrer Therapie möglicherweise einer anderen Herangehensweise als bei jüngeren. Wenn bei einem Kind mit einem ausgeprägten Störungsbild die ganze Familie in den Strudel von Lern- und Verhaltensstörungen hereingezogen ist, dann braucht nicht nur das Kind, sondern die ganze Familie Hilfe, eventuell durch eine zusätzliche Familientherapie. In diesem Fall ist es notwendig, daß die Therapeuten miteinander im Austausch stehen. Wenn ein Kind zusätzlich zur Ergotherapie oder Mototherapie eine krankengymnastische oder logopädische Behandlung erhält, ist ebenfalls eine Absprache der Therapeuten wichtig, damit sich die Maßnahmen gegenseitig ergänzen und unterstützen können.

Im folgenden mache ich einen Versuch, die beiden Therapieformen Ergotherapie und Mototherapie darzustellen. Dabei werde ich mich auf die Aspekte beschränken, die sich auf die Behandlung von Kindern mit Lernstörungen beziehen. Sowohl Ergotherapeuten als auch Motopäden sind von ihrer Ausbildung her nicht auf dieses Gebiet beschränkt.

Ich beginne mit der Ergotherapie. Auf ihrem Richtziel der Förderung der Selbständigkeit in allen Lebensbereichen basieren Maßnahmen, die der Wiederherstellung, Verbesserung oder Kompensation krankheitsbedingt eingeschränkter Funktionen oder Fähigkeiten dienen (vgl. Indikationskatalog des Verbands der Beschäftigungs- und Arbeitstherapeuten). Am Beginn einer Behandlung steht eine ausführliche Diagnostik. Der Aufbau der Therapie richtet sich nach den dabei gefundenen Entwicklungsdefiziten, beispielsweise der nicht ausreichend erlebten oder sogar übersprungenen Krabbelphase. Es werden nicht die Symptome behandelt, derentwegen ein Kind zur Behandlung kommt, sondern deren Ursache. Daher setzt die Therapie auf der Ebene an, auf der das Kind noch gut zurechtkommen und Erfolgserlebnisse verbuchen kann.

Einem Kind, das Gleichgewichtsprobleme hat, wird der Therapeut viel Schaukeln, Wippen, Hüpfen, Klettern usw. anbieten und ihm damit fundamentale Erfahrungen ermöglichen. Dabei beobachtet er das Kind genau, damit es sich nicht überreizt. Bei einem anderen Kind ist vielleicht die übersprungene Krabbelphase nachzuholen. Der Therapeut wird das Kreuzen der Mittellinie in das Spiel des Kindes einbauen. Aus der Fähigkeit, die Mittellinie zu kreuzen, entwickelt sich unter anderem die Fähigkeit, Buchstaben zu schreiben. Und ein gut funktionierendes Gleichgewichtssystem befähigt unter anderem dazu, still zu sitzen.

Die Therapiestunden werden mit sinnvollen Tätigkeiten gefüllt. So wird das Kind zum Mitmachen angespornt. Wenn die Tätigkeit Anforderungen an das Kind stellt, ist es nämlich eher bereit zur Mitarbeit, als wenn der Therapeut diese Anforderungen stellt. Es ist notwendig, daß der Therapeut eine gute Beziehung zu dem Kind aufbaut, so daß es gerne zu ihm geht. Er wird dem Kind auch immer wieder Mut machen und sich bemühen, ihm zu einem gesunden Selbstbewußtsein zu verhelfen.

Der Therapeut greift bei einem Kind mit Lernproblemen schulische Inhalte erst dann auf, wenn die Grundlagen für erfolgreiches Lernen geschaffen sind. Das Kind muß erst die Entwicklungslücke aufgeholt und ein stabiles inneres Bild von seinem Körper entwikkelt haben. Dann setzt er möglichst unterschiedliche Sinneskanäle ein, damit es die in der Schule durchgenommenen, aber – weil nur einseitig gelernt – nicht stabil erinnerten Buchstaben, Zahlen und Formen wirklich erfassen und dauerhaft erlernen kann.

Die Sonderpädagogin I. Brand hat in ihrem Förderprogramm ergotherapeutische Behandlungsgrundsätze berücksichtigt. Sie baut schulische Lerninhalte aus den verschiedenen Unterrichtsfächern in ein ganzheitliches, systematisches Therapie- und Förderkonzept ein. „Mit diesem Ansatz wird auf einen Weg hingewiesen, der, sollten die Sichtweisen weiterverfolgt werden, Entscheidendes zur Weiterentwicklung des Unterrichts und der Förderung lernbeeinträchtigter Schüler beitragen kann" (vgl. Vorwort in ihrem Buch „Integrationsstörungen, Diagnose und Therapie im Erstunterricht"). Dieses Buch enthält eine Fülle von leicht nachvollziehbaren, übersichtlich angeordneten Anregungen, diesen Weg zu beschreiten. Es ist wichtig, in der Therapie auch schulische Inhalte aufzugreifen. Man darf motorische Fähigkeiten nicht isoliert sehen und stillschweigend davon ausgehen, daß das Kind in der Lage ist, die in der Therapie gemachten Erfahrungen auf die Schule zu übertragen. Denn gerade die Schwierigkeit, in einem bestimmten Zusammenhang gemachte Erfahrungen auf andere Situationen zu übertragen, ist eines der wesentlichen Probleme von Kindern mit Wahrnehmungsstörungen.

Eine wichtige Rolle bei der Ergotherapie spielt bei einem Kind im Schulalter der Kontakt zwischen dem Therapeuten und den Eltern sowie dem Lehrer des Kindes. Der Therapeut kann ihnen das therapeutische Vorgehen erklären und Anregungen für zu Hause beziehungsweise für den Unterricht geben. Es ist wichtig, daß Eltern und womöglich auch der Lehrer die Therapie unterstützen, indem sie grundlegende Maßnahmen in den Alltag übertragen. Die hierfür notwendigen Informationen kann ihnen der Therapeut geben. Elterngespräche sollten möglichst nicht im Beisein des Kindes geführt werden. Ich halte es für einen schwerwiegenden Fehler, wenn Eltern es versäumen, vom Therapeuten zu erfahren, wie sie ihr Kind auch zu Hause fördern und in welcher Weise sie ihm sinnvolle Hilfestellung geben können. Falls der Therapeut Ihnen nicht von sich aus regelmäßig Elterngespäche anbietet, dann bitten Sie ihn darum, insbesondere falls Sie bei den Therapiestunden nicht als Beobachter dabei sind. Es ist wichtig, daß Sie wissen, was er warum in der Therapie mit Ihrem Kind macht und wodurch Sie die Behandlung unterstützen können. Glücklicherweise sind die meisten Therapeuten der Zusammenarbeit mit Eltern gegenüber aufgeschlossen. Doch gibt es auch Ausnahmen. Bitten Sie in diesem Fall beharrlich um Elterngespräche.

Für eine Ergotherapie benötigen Eltern ein Rezept vom Kinderarzt. Von ihm erhalten sie wahrscheinlich auch die Adresse eines Ergotherapeuten. Falls er nicht weiterhelfen kann, können sich Eltern an ihre Krankenkasse oder an den Berufsverband (vgl. Adresse im Anhang) wenden. Die Kosten für die Ergotherapie übernimmt die Krankenkasse. Jedoch werden Elterngespräche und Lehrergespräche nicht von der Krankenkasse getragen, obwohl sie sinnvoll und wichtig sind. Dadurch spielen sie in der Behandlung nicht die Rolle, die sie eigentlich spielen müßten.

Eltern eines lernauffälligen Kindes können sich ebenso an einen Mototherapeuten wenden. „Er erfüllt Aufgaben in der Vorbeugung und Behandlung von Kindern, Jugendlichen und Erwachsenen, die primär in ihren Bewegungsfunktionen und -leistungen und als Folge davon in ihrem psychischen Verhalten gestört oder von Störung bedroht sind. Je nach Art, Schwere und Umfang der Auffälligkeiten führt er senso- (primär ausgerichtet auf die Entfaltung der Sinnesfunktionen) und psycho- (insbesondere zur Verbesserung der seelisch-geistigen Informationsverarbeitung im Bewegungshandeln) motorische Förderprogramme und Übungsbehandlungen unter Berücksichtigung neurophysiologischer Anteile durch." (vgl. Blätter zur Berufskunde, Motopäde, Hrsg. Bundesanstalt für Arbeit).

Der staatlich geprüfte Motopäde hat immer das Examen als Sport- oder Gymnastiklehrer oder einen pädagogisch/psychologischen Beruf. Erst wenn er in diesem Erstberuf ausreichend Berufserfahrung gesammelt hat, kann er die einjährige bewegungstherapeutische Zusatzausbildung anschließen. Das Ziel der Mototherapie ist es, die Wahrnehmungs- und Bewegungsauffälligkeiten abzubauen und gleichzeitig die psycho- und sensomotorischen Funktionen zu verbessern und zu erweitern, verbunden mit dem Aufbau einer emotionalen Stabilität. So ist dieser Therapieansatz auf die Entwicklung der Gesamtpersönlichkeit des Menschen ausgerichtet. Daher fragt der Motopäde bei der Diagnostik nicht nur nach Entwicklungsdefiziten, sondern auch nach Stärken, Vorlieben und besonderen Fähigkeiten eines Kindes. Die Mototherapie setzt bei den Stärken eines Kindes an und nicht bei seinen Schwächen.

Zu Beginn der Behandlung bemüht sich der Therapeut darum, das Zutrauen des Kindes zu gewinnen und seine Angst vor Mißerfolg abzubauen. So ist es wichtig, daß er ihm Erfolgserlebnisse ermöglicht und ihm vermittelt, daß es in der Therapie völlig frei ist von Leistungsdruck. Voraussetzung dafür ist, daß die Therapie bei der Fähigkeit des Kindes ihren Ausgang nimmt, die am wenigsten weit entwickelt ist. Diese an den Fähigkeiten und nicht an den Schwächen orientierte Therapie erfordert ein breit gefächertes theoretisches Wissen und praktische Erfahrungen des Therapeuten. Denn bei aller Entscheidungsfreiheit des Kindes muß er sehr genau einplanen, welche Fähigkeiten er schwerpunktmäßig fördern will. Der Motopäde bemüht sich darum, in der Therapie die unmittelbare Bewegungsfreude zurückzuholen und zu fördern und so dem Kind unterschiedlichste bewegungs- und wahrnehmungsorientierte Lernprozesse zu ermöglichen.

Er sieht und wertet Bewegung nie isoliert als eine motorische Fähigkeit, sondern immer im sozialen Kontext des Kindes. Er stellt Bewegungsaufgaben, die das Körpergeschick herausfordern, und bietet dem Kind motivierendes, kindgemäßes Material an. Diese Bewegungsaufgaben werden immer schwieriger und umfassender, erfordern schließlich Kommunikation, gegenseitige Unterstützung innerhalb einer Gruppe, Erarbeiten von Problemlösestrategien usw. Damit zielt der Motopäde auf die Entwicklung der spontanen und geplanten Handlungsfähigkeit der kindlichen Persönlichkeit.

Eine der Grundannahmen der Mototherapie ist die heilende Wirkung der Gruppe. Da der Motopäde eine gruppenpädagogische Ausbildung besitzt, kann er die Interaktion und die Kommunikation innerhalb der Gruppe beachten, angemessen bewerten, anregen und steuern. Sein Ziel ist es, die Kinder zu befähigen, sich über Bewegung und Wahrnehmung mit sich selbst sowie mit den gegenständlichen und sozialen Umweltanforderungen gezielt auseinanderzusetzen.

Zu Beginn der Therapie wird ein Kind normalerweise Einzelstunden erhalten, bis sein Verhalten so stabil ist, daß es fähig ist, in einer Kleinstgruppe zu bestehen. Dann wird es je nach seinen Möglichkeiten mit drei, vier, höchstens mit fünf anderen Kindern zu einer solchen Gruppe zusammengefaßt und gemeinsam behandelt.

Mototherapeutische Behandlungen sind immer dann angezeigt, wenn es nicht nur um eine motorische Symptombehandlung geht, sondern um die gleichzeitige positive Einflußnahme auf die oft katastrophalen Auswirkungen der Störungen auf die Familie, auf den Alltag der Kinder bzw. Jugendlichen, auf ihre Lernmöglichkeiten usw.

Daher haben regelmäßige und ausführliche Gespräche des Therapeuten mit den Eltern und auch den Lehrern eines Kindes einen hohen Stellenwert, da von ihrem Engagement und ihrer Mitarbeit der Erfolg der Therapie wesentlich abhängt. Der Motopäde erklärt ihnen sein Vorgehen in der Therapie, zeigt ihnen Zusammenhänge und Auswirkungen der Störungen auf und hilft ihnen, das Kind besser zu verstehen und anders mit ihm umzugehen. Er überlegt gemeinsam mit ihnen mögliche Lösungen für konkrete Alltags- und Schulsituationen und kann dadurch einen entscheidenden Beitrag leisten, die belastende Situation zu entspannen. Durch den Abbau von Druck, Mißerfolg und Angst schafft er einen Raum, in dem erfolgreiches Lernen überhaupt wieder möglich wird. Für die Eltern und den Lehrer ist es gleichermaßen wichtig zu wissen, wo die Stärken und Schwächen eines Kindes liegen, was es voraussichtlich leisten kann und was nicht, wo der Lehrer in der Schule mit Problemen rechnen muß und wie er ihnen vorbeugen kann. Dadurch wird die Gefahr geringer, daß das Kind durch Fehleinschätzungen und übertriebene Erwartungen überfordert wird und dadurch blockiert, was die Probleme nur verschärfen würde.

Bei einem Eltern- oder Lehrergespräch kann der Motopäde das Verhalten des Kindes in der Therapie beschreiben und erklären und so auch die Bezugspersonen des Kindes teilhaben lassen an den kleinen Schritten des Fortschritts, an der Freude, der Trauer und der Wut, die das Kind innerhalb der Therapie durchlebt. Er weist die Eltern auf Tätigkeiten hin, die für die Entwicklung ihres Kindes wichtig sind, da sie Fähigkeiten fördern, die bei ihm vielleicht noch nicht ausreichend entwickelt sind. So bereitet beispielsweise das Ballspielen und auch das Rühren der Quarkspeise mit dem Schneebesen in idealer Weise auf das Schreiben vor, weil das Handgelenk Drehbewegungen ausführt. Beim Spiel mit Wäscheklammern lernt ein Kind mit dem Wechsel von Spannung und Entspannung, mit Druck und Kraft umzugehen. Diese Fähigkeit braucht es, wenn es seinen Stift beim Schreiben nicht zu fest und nicht zu locker halten soll. Der Motopäde greift keine konkreten Schulsituationen auf, doch kann er die dafür notwendigen Fähigkeiten in mannigfacher Weise anbahnen, da er die diesen Fähigkeiten zugrunde liegenden Basisfähigkeiten kennt.

Für eine mototherapeutische Behandlung benötigen Eltern ein Rezept vom Kinderarzt, falls sie sich an einen Motopäden wenden, der selbständig niedergelassen ist oder an einem Behandlungszentrum arbeitet. Falls der Motopäde in einer Arztpraxis mitarbeitet oder in einer Klinikambulanz, so benötigen sie statt eines Rezeptes einen Überweisungsschein. Wenn er in einer Familienberatungsstelle arbeitet, ist die Kostenträgerschaft wieder anders geregelt. Über die jeweilige Vorgehensweise werden Eltern von ihrem Kinderarzt informiert, von dem sie auch die Adresse eines Motopäden erfragen können. Falls Ihr Arzt Ihnen keinen Therapeuten in Ihrem Umkreis nennen kann, wenden Sie sich an Ihre Krankenkasse oder nehmen Sie Kontakt zum Berufsverband (vgl. Adresse im Anhang) auf und schildern Ihr Problem.

Die Kosten für eine Mototherapie wird von den Krankenkassen nicht generell übernommen. Sie haben sich Einzelfallentscheidungen vorbehalten. Die Krankenkassen lehnen die Kostenübernahme mit der Begründung ab, daß die Therapie stark pädagogisch und psychologisch geprägt ist und folglich nicht in den Leistungsbereich der Krankenkassen fällt. Doch machen die Krankenkassen der Mototherapie gerade ihre Stärke zum Vorwurf, denn der pädagogische und der psychologische Anteil der Therapie sind notwendig, um die Übertragung der erworbenen Fähigkeiten in den Alltag sowie den Aufbau von sinnvollen Hilfestellungen für das Kind in der Familie und in der Schule zu gewährleisten. So kommt es, daß Eltern unter Umständen für diese sehr wirksame Therapie selber aufkommen müssen. Daran kann sich nur etwas ändern, wenn Ärzte und Eltern von den Krankenkassen immer wieder eine mototherapeutische Behandlung für ein Kind mit Lernproblemen fordern. Es ist wichtig, daß sie dies auch dann tun, wenn sie wissen, daß kein Motopäde für sie erreichbar ist. Nur so wird der Bedarf gesehen. Ohne diesen Bedarf überprüft die Krankenkasse ihre Haltung gegenüber den Motopäden nicht, und es läßt sich auch kein Motopäde in einem Gebiet nieder, in dem angeblich kein Bedarf besteht.

Psychomotorik im Sportverein?

Schön wäre es, werden Sie vielleicht denken. Vielleicht gehört Ihr Kind zu den unruhigen Kindern, die im Sportverein stören, oder es ist körperlich etwas ungeschickt und wird schnell als „lahme Ente", „Angsthase" oder „Flasche" abgestempelt. Es wird ausgelacht oder gemieden und mag bald nicht mehr zum Sport, weil es sich blamiert fühlt. Die Folge ist, daß es sich noch weniger bewegt und im Vergleich zu seinen Altersgenossen noch größere Defizite bekommt. Wenn es nicht mehr zum Sport kommt, kümmert sich keiner darum. Viele Eltern sagen dann ratlos: „Wenn mein Kind nicht hin will, dann soll es eben zu Hause bleiben. Zwingen kann ich es auch nicht."

Keiner kommt auf den Gedanken, daß solchen Kindern Psychomotorik Spaß machen und auch helfen würde. Psychomotorik zielt auf ein besseres Zusammenwirken der unterschiedlichen Sinneseindrücke hin und vermeidet dabei Überforderung. Sie ist eine großartige Möglichkeit zur Steigerung der Bewegungs- und Lebensfreude, zur Erhöhung des Selbstwertgefühls und der Kreativität im Umgang mit dem Körper. Sie beeinflußt in positiver Weise das kindliche Lernen und Sozialverhalten.

Psychomotorik wird normalerweise nirgends angeboten, außer im Rahmen einer Therapie durch einen Ergotherapeuten, Motopäden oder auch Krankengymnasten. Daher ist sie den meisten Eltern nicht geläufig. Doch bekommen lange nicht alle Kinder eine solche Therapie, denen sie gut täte. Das liegt daran, daß die Kinder nicht erkannt werden oder daß an ihrem Wohnort kein Ergotherapeut oder Motopäde Kinder aus der allgemeinen Bevölkerung behandelt. Diese Kräfte sind zum Großteil an Krankenhäusern und bei Institutionen wie der Lebenshilfe angestellt. Selbständige Ergotherapeuten sind dünn gesät und selbständige Motopäden noch dünner.

Was können verzweifelte oder verunsicherte Eltern dann tun, um ihrem Kind Psychomotorik zu ermöglichen? Mancherorts bietet der Sportverein Psychomotorik an. Das erscheint auf den ersten Blick ungewöhnlich, weil Sportverein mit Training, Wettkampf und Leistungsvergleich in Verbindung gebracht wird. Aber Sport ist mehr als das. Er kann einen wichtigen Beitrag leisten zur Persönlichkeitsentwicklung, gerade auch bei bewegungs- und verhaltensauffälligen Kindern.

Diese Kinder müssen auf der Entwicklungsstufe abgeholt werden, auf der sie stehen. Maßgeblich ist die in ihrer Entwicklung am wenigsten weit entwickelte Fähigkeit. Dies erfolgt am besten in Kleinstgruppen von 4 bis 6 Kindern unter der Anleitung eines Motopäden, denn Motopäden sind Fachleute für Psychomotorik.

Würden sie in normalen Gruppen mitzuturnen versuchen, so wären sowohl die Kinder als auch die Sportübungsleiter überfordert, die nicht wissen, wie sie mit einem ungeschickten, unsportlichen Kind in der Gruppe umgehen und ihm und den anderen Kindern gerecht werden können.

Ein sehr nachahmenswertes Beispiel hat der Kreissportbund Borken (Nordrhein-Westfalen) gegeben. Dort wurde 1985 die erste psychomotorische Übungsgruppe vom Kreissportbund eingerichtet. Dieses Angebot wurde anfangs von vielen Seiten skeptisch betrachtet, ist nach mehreren erfolgreichen Jahren aber voll anerkannt. Ende 1992 bestanden bereits 44 Übungsgruppen im gesamten Kreisgebiet für entwicklungs- und bewegungsgestörte Kinder, seit Ende 1987 in gemeinsamer Trägerschaft mit dem „Verein zur Bewegungsförderung von Kindern

(Psychomotorik) im Kreis Borken e.V." Ein Sportlehrer und Motopäde ist fest angestellt, weitere Fachkräfte sind auf Honorarbasis tätig.

Das Angebot richtet sich an die Kinder, die sportlich weniger begabt sind, an unruhige, ängstliche und unsichere Kinder. Die Gruppen umfassen nur vier bis sechs, maximal acht Kinder und sind wohnortnah, so daß es keine große Mühe bedeutet, das Kind dorthin zu bringen. Bei der Auswahl der Kinder werden vorrangig Kinder im Vorschul- und Grundschulalter berücksichtigt. Das Programm richtet sich nach den individuellen Bedürfnissen der Kinder, es gibt keinen Leistungsdruck.

Ein Drittel der Kinder nimmt sechs Monate an den psychomotorischen Übungsstunden teil, ein weiteres Drittel ein Jahr, ein Viertel bis zu zwei Jahre und fünf Prozent länger als zwei Jahre. Die Zeit in der Gruppe ist begrenzt, da auch andere Kinder in den Genuß der Stunden kommen sollen. Nach dieser Zeit können die meisten Kinder zu unterschiedlichen Sportarten vermittelt werden. Dabei ist es wichtig, bei den Sportvereinen die Bereitschaft zu wecken, solche früher schwache Kinder aufzunehmen und bei ihnen weitgehend auf Leistungsforderung zu verzichten. Bei der Auswahl der Sportart ist neben dem Entwicklungsstand und der Neigung des Kindes auch die Eignung des Übungsleiters zu berücksichtigen. Verfügt er über Einfühlungsvermögen, kann er von Leistungsansprüchen abrücken?

Eine wichtige Rolle spielt die Elternarbeit. Sie erfolgt im Rahmen von Vorträgen, Einzelgesprächen und Elternabenden für die einzelnen Gruppen. Es ist wichtig, die Eltern davon zu überzeugen, daß Psychomotorik für ihr Kind das Richtige ist. Kinderarzt und Gesundheitsamt stellen für Eltern Autoritäten dar. Die Eltern schicken ihre Kinder eher zur Psychomotorik, wenn sie von dort eine Empfehlung erhalten. Wenn sie dann sehen, daß das Kind gerne hingeht und Fortschritte macht, dann sind die letzten Zweifel ausgeräumt. Die ersten Stunden dürfen die Eltern dabei sein. Die Eltern werden auch angeleitet, ihr Kind im alltäglichen Rahmen des Familienlebens zu fördern.

Das größte Problem war zu Beginn die Finanzierung. Von Anfang an wurde Wert darauf gelegt, daß die Eltern nur einen Minimalbetrag leisten müssen, um keine zusätzlichen sozialen Schranken aufzubauen.

Die Finanzierung erfolgte zunächst über das Arbeitsamt, da die Stelle des Motopäden eine befristete ABM-Stelle war. Spenden, Bußgelder und die Elternbeiträge rundeten die Einnahmen ab. Nach Ablauf dieser zwei Jahre lehnte der Landessportbund eine Finanzierung für einen Dauerarbeitsplatz mit der Begründung ab, daß das Angebot zu speziell sei, und gewährte nur einen geringen Übungsleiterzuschuß.

So suchte der Kreissportbund nach einer anderen Lösung. Es wurde der „Verein zur Bewegungsförderung von Kindern (Psychomotorik) im Kreis Borken" gegründet und in den Behindertensportverband aufgenommen, über den Bezuschussungen möglich sind. Anschließend wurde er vom Landesversorgungsamt anerkannt. Auch hier mußte noch eine Hürde genommen werden. Der Leiter brauchte eine Fachübungsleiterlizenz, die vom Behindertensport ausgesprochen wird.

Das Modell Borken zeigt, wie eine Lücke in der Versorgung unserer Kinder gefüllt werden kann. Ich hoffe, daß diese Information viele Eltern veranlaßt, an ihrem Ort den Sportverein anzusprechen und die Einrichtung von Psychomotorikgruppen anzuregen.

Es gibt mehr als genug Kinder, denen Psychomotorik guttäte. Der Bedarf ist auf alle Fälle da. Durch einen breites Angebot an Psychomotorik würden die Lern- und Verhaltensauffälligkeiten, über die Eltern und Lehrer klagen, stark zurückgehen. Es ist zu wünschen, daß die Finanzierung solcher Projekte leichter gemacht wird, da sie späteren, weit höheren Folgekosten vorbeugen.

Es ist auch zu hoffen, daß der große Bedarf erkannt wird und die Finanzierung nicht abhängig gemacht wird von der Mitgliedschaft im Behindertensport. Dadurch wird für eine gute Sache eine psychische Hürde aufgebaut. Nicht alle körperlich ungeschickten Kinder sind von einer Behinderung bedroht. Manchen Eltern könnte es schwer fallen, mit dem Behindertenverband Kontakt aufzunehmen, um Psychomotorik für ihr eigentlich ziemlich normales Kind zu organisieren.

Medikamente können die Entwicklung stützen

Ritalin

Kinder mit ausgeprägten Lernstörungen sind, insbesondere wenn sie schon älter sind, oft stark verhaltensgestört. Ihre motorische und gedankliche Unruhe ist oftmals nur schwer oder auf Dauer eigentlich gar nicht zu ertragen. Diese Kinder sind für die Eltern und Lehrer oftmals eine große Belastung.

Das Medikament Ritalin verändert biochemisch die Auslöser ihrer Unruhe, indem es das Gehirn aktiviert, so daß es die sonst nur schwach und undeutlich wahrgenommenen Reize deutlich erkennen und in momentan wichtige und unwichtige unterscheiden kann. Dadurch hat das Kind nicht mehr das Bedürfnis, sich fortwährend zu bewegen, um sich so eine bessere Wahrnehmung zu verschaffen. Es ist dann in der Lage, sich auf seine Tätigkeit zu konzentrieren, zu lernen und sich in sein soziales Umfeld einzufügen. Unter dem Einfluß von Ritalin verlieren sonst schwierige Kinder für die Dauer der Wirkung des Medikaments ihre Verhaltensauffälligkeiten. Sie sind veränderte Menschen.

Die Familien atmen auf und können wieder ruhiger und liebevoller mit dem Kind umgehen, und auch der Lehrer hat es leichter. Das Kind ist ruhiger und kommt mit vielem besser zurecht. Ist eine Pille also des Rätsels Lösung? Ersetzt Ritalin oder das noch stärkere Medikament Amphetamin eine Therapie durch einen Ergotherapeuten oder Motopäden?

Der Gedanke ist verführerisch, zumal die Kosten für ein Dauermedikament von den Krankenkassen eher übernommen werden als eine ganzheitliche, gezielte Therapie. Doch ist dieser Weg nur scheinbar billiger und bequemer, denn die störenden Symptome werden nur medikamentös verändert, nicht aber ihre Ursache behoben. Die zugrundeliegenden Probleme bleiben bestehen und verursachen für den betroffenen Menschen und sein soziales Umfeld Sorgen und Kummer und bringen der Gesellschaft erhebliche Folgekosten. Eine Pille kann daher keine ganzheitliche Therapie ersetzen. Die Entscheidung für eine Behandlung mit Ritalin oder Amphetamin an Stelle einer gezielten Ergo- oder Mototherapie ist aus meiner Sicht nicht zu verantworten.

Diese Medikamente sind umstritten. Es gibt vehemente Gegner und starke Befürworter. Doch gibt es keinen Grund, diese Medikamente zu verteufeln oder als Wundermittel zu rühmen. Als therapiebegleitende Maßnahme können sie eine segensreiche Hilfe für das betroffene Kind und sein soziales Umfeld sein. Unter ihrer Wirkung werden auch sehr unruhige und stark ablenkbare Kinder zugänglich für die Therapie und motivierbar.

In dieser Weise eingesetzt ist das Medikament eine Hilfe zur Selbsthilfe. Es unterstützt das Kind so lange, wie es notwendig ist. Während die Therapie zu greifen beginnt und erste Erfolge sichtbar werden und auch die Bezugspersonen lernen, anders mit diesem Kind umzugehen, wird das Medikament dann langsam wieder abgesetzt. So wird es nur über einen begrenzten Zeitraum von einigen Monaten gegeben. Anders gelagert ist die Situation bei Kindern, die zu dem Zeitpunkt, wo sie dem Arzt vorgestellt werden, zusätzlich zu ihren Lernstörungen bereits ausgeprägte Verhaltensstörungen entwickelt haben. Für sie und ihre Bezugspersonen kann Ritalin oder auch Amphetamin als Dauermedikament zusätzlich zu einer gezielten Therapie eine große Erleichterung im täglichen Leben bedeuten.

Während der Behandlung mit diesen Medikamenten ist ein enger Kontakt zwischen Eltern, Lehrer, Therapeut und behandelndem Arzt dringend erforderlich. Er wird das Medikament so lange verschreiben, wie er es für das jeweilige Kind in seiner individuellen Situation für richtig erachtet. Ist einmal nach gründlicher Abwägung aller Für und Wider die Entscheidung für die medikamentöse Behandlung gefallen, so sollen Eltern auch zu ihr stehen und nicht um jede Tablette oder jeden Löffel mit sich feilschen.

Leider wird die Behandlung mit Ritalin und Amphetamin ohne gleichzeitige gezielte Therapie der zugrundeliegenden Probleme zunehmend forciert. Insbesondere in Anbetracht der geringen Anzahl an Therapieplätzen scheint dieser Weg für viele das Mittel der Wahl zu sein. Andere therapeutische Maßnahmen werden dann nicht vorgesehen. Kinder, die nur mit Ritalin oder Amphetamin behandelt werden, sind auf ihre Medikamentengabe angewiesen. Sie erhalten nicht die Möglichkeit, ihre Störungen dauerhaft zu überwinden oder zumindest in den Griff zu bekommen, so daß sie ohne Psychopharmaka leben können.

Ich weiß von etlichen Kindern, die Ritalin jahrelang ohne eine begleitende ganzheitliche Förderung erhalten und die der behandelnde Arzt über mehrere Monate hinweg, ja selbst länger als ein Jahr, nicht einbestellt. Den Eltern wird oft gesagt, daß die Unruhe und Erregbarkeit und was sonst ohne Ritalin zu beklagen ist, sich mit der Pubertät verliert oder zumindest erheblich schwächer wird. In diesem Sinn äußerte sich mir gegenüber eine betroffene Mutter, deren bereits pubertierender Sohn seit Jahren das Mittel einnimmt. Sie erzählte mir auch, daß er unter dem Medikament weniger Appetit hat als sonst und auch immer wieder ein nervöses Augenzucken bekommt, wenn er kurz zuvor das Medikament genommen hat. Der Arzt sagte ihr, das könne schon vorkommen, sie solle sich nicht zu viele Gedanken darum machen.

Eltern sind oft erleichtert, wenn sie davon erfahren, daß es auch andere therapeutische Möglichkeiten gibt. Eine Ergotherapeutin berichtete mir, daß sie solchen Eltern und auch den Lehrern ihres Kindes die Ursachen und Zusammenhänge der Lern- und Verhaltensauffälligkeiten zu erklären versucht und ihnen Wege aufzeigt, den bestehenden Problemen konstruktiv zu begegnen. Sobald sie einen Therapieplatz frei hat, behandelt sie dann das Kind. Sie nimmt Kontakt zu seinem Arzt auf und bleibt mit ihm ebenso wie mit den Eltern und dem Lehrer während der ganzen Behandlungszeit im Gespräch.

In Absprache mit ihr und den Eltern setzt der Arzt das Medikament erst einmal ab, vorausgesetzt das jeweilige Kind ist nicht so lern- und verhaltensauffällig, daß es als Folge davon Gefahr läuft, in der Schule und im Kontakt mit den Nachbarskindern in eine Außenseiterrolle gedrängt zu werden, aus der es womöglich nicht mehr herauskommen kann. Wenn der Arzt sich für Ergo- oder

Mototherapie ohne eine medikamentöse Unterstützung entscheidet, versucht die Therapeutin ein Jahr lang intensivst, unter Ausnützung aller anderen zur Verfügung stehenden Möglichkeiten einschließlich der Kinesiologie, die Lern- und Verhaltensprobleme abzubauen. Wenn das Kind dennoch keine nennenswerten Fortschritte erzielt und sich die Probleme hinsichtlich des Lernens und des Sozialverhaltens zuspitzen, rät der Arzt, die Behandlung mit Ritalin oder Amphetamin zu unterstützen.

Kinder, bei denen die Gabe von Ritalin oder Amphetamin erwogen oder verschrieben wird, sind immer Kinder, die anders sind als die anderen Kinder und Hilfe brauchen, mit sich und ihrem Umfeld zurechtzukommen. Sie haben oftmals Begabungen und Sichtweisen, die der Durchschnittsmensch nicht hat. Ihre Gedanken sind oft originell und passen sich nicht in unsere Vorstellungswelt ein. Diesen Pluspunkt sollten sie erhalten können bis sie erwachsen sind, denn er ist etwas Besonderes und zeichnet sie vor ihren Mitmenschen aus. Im Rahmen einer Ergo- oder Mototherapie mit einem möglichst ganzheitlichen Ansatz ist ihnen dies möglich, denn sie können weiterhin ihre nur ihnen eigenen Ideen ausdrücken und ausleben.

Wenn sie jedoch für eine längere Zeit Medikamente einnehmen, die sie im Wesen verändern, verlieren sie dann nicht das Besondere und Interessante, das sie an sich haben? Oder nimmt man das in Kauf und sieht die Hilfe des Medikaments darin, daß man sie angepaßt macht, so daß sie funktionieren und sich in unsere Welt einfügen können, damit für uns alles beim Alten, Gewohnten bleiben kann?

Ich habe viele sogenannte schwierige Kinder kennengelernt. Nach meinen Beobachtungen sind unter den rebellierenden, unangepaßten Kindern auch die besonders einfühlsamen, sensiblen, die sich gegen unsere unnatürliche, instinktferne Lebensweise und Unterrichtsweise vehement wehren und eigentlich durch ihr Verhalten sagen wollen: „Halt, so nicht, hilf mir, etwas zu verändern!" So gesehen sind diese Kinder eine Chance und eine Herausforderung für uns und keine unerträglichen Störenfriede.

Homöopathie und Naturheilkunde

Sowohl die Homöopathie als auch die Naturheilkunde arbeitet mit Stoffen aus der Natur. Sie sind pflanzlichen, mineralischen oder tierischen Ursprungs. Die Naturheilkunde kennt für die verschiedenen Störungen bestimmte naturheilkundliche Medikamente, die für jeden Patienten mit dem gleichen Krankheitsbild gleichermaßen geeignet sind.

Die Homöopathie hingegen ist eine Individualtherapie. Bei jedem einzelnen Patienten wird die Gesamtheit seiner Symptome aus dem körperlichen, geistigen und seelischen Bereich betrachtet und auf dieser Grundlage das für ihn als Individuum passendste Medikament ausgewählt. Vom Typus her unterschiedliche Patienten erhalten daher selbst bei den gleichen körperlichen Beschwerden verschiedene Medikamente. Die Homöopathie ist für den einzelnen Patienten eine Hilfe zur Selbsthilfe und unterstützt die Persönlichkeitsentwicklung. Im Zusammenhang mit der Behandlung von Kindern mit Lernstörungen und den sich nach einiger Zeit dazu aufbauenden Verhaltensstörungen ist die Homöopathie sicherlich eine wertvolle unterstützende Maßnahme. Sie allein kann aber Lernstörungen nicht beseitigen.

Die Naturheilkunde kann ebenfalls keine Lernstörungen heilen. Doch kommt auch ihr eine wichtige Rolle in der Unterstützung eines Kindes mit Lernproblemen zu. Die Methode der Bioelektronischen Funktionsdiagnostik ermöglicht es dem Arzt, Mangelzustände und andere Störungen eindeutig zu diagnostizieren und die für den einzelnen Patienten wirksamsten Medikamente auszutesten. Der Arzt kann selbst latente Erkrankungen gezielt behandeln. Daher kann die Naturheilkunde einem Kind mit Lernstörungen, das vermehrt zu psychosomatischen Krankheiten neigt, zu mehr Stabilität verhelfen.

Die Naturheilkunde setzt für die Therapie auch Bachblüten ein. Sie sind nach einem englischen Arzt namens Bach benannt und beeinflussen in positiver Weise den Gemütszustand. Über eine längere Zeit in der richtigen Weise angewendet, reharmonisieren sie negative Seelenzustände und helfen, seelisch wieder ins Lot zu kommen. Darum können sie die positive Entwicklung von

Kindern mit Lernproblemen (und auch die ihrer Eltern) unterstützen. So runden sie eine ganzheitliche Förderung ab, ersetzen sie aber nicht. Bachblüten kann man in der Apotheke besorgen.

Die Bachblüten sind für ein Kind mit Lernproblemen eine wohltuende Stütze. Sie ersetzen aber ebenso wenig wie die Homöopathie und die Naturheilkunde eine gezielte Förderung durch die Eltern und den Lehrer oder bei ausgeprägteren Störungen die Therapie durch einen Fachmann.

Lernstörungen können in Zusammenhang stehen mit einer Pilzerkrankung namens Candida albicans. Dieser Pilz befällt in erster Linie den Darm, kann sich aber von dort ausbreiten. Wenn er sich im Gehirn ansiedelt, dann sind Konzentrationsstörungen, Rechenprobleme, Lese-Rechtschreib-Schwäche und Verhaltensauffälligkeiten die mögliche Folge. Candida albicans steht auch in enger Verbindung zu Allergien. Es ist zu hoffen, daß Ärzte diese Zusammenhänge verstärkt beachten und Stuhluntersuchungen anordnen.

Die Kinesiologie vollbringt Erstaunliches

Die Kinesiologie ist außerordentlich wirksam bei der Unterstützung oder, bei leichteren Störungen, sogar Überwindung von Lernproblemen. Sie hat einen ganzheitlichen Ansatz und ergänzt oder ersetzt teilweise konventionelle Behandlungsmethoden. Kinder mit ausgeprägten Problemen sollten gleichzeitig eine ergo- oder mototherapeutische oder eine logopädische Behandlung erhalten, da sich die unterschiedlichen Wege in hervorragender Weise ergänzen. Kinesiologische Elemente finden auch dort zunehmend Eingang. Der Zusammenhang zwischen diesen drei Therapieformen ist einsichtig, wenn wir uns klarmachen, daß Lesen, Schreiben und Rechnen nur eine andere Form der Sprache sind. Daher treten bei einem Kind mit Problemen in der Sprachentwicklung nahezu zwingend unterschiedlich stark ausgeprägte Lernstörungen auch in der Schule auf, wenn eine ganzheitliche und ausgewogene Behandlung durch die Familie und/oder einen Therapeuten unterbleibt.

Die Kinesiologie kann auch große und insbesondere dauerhafte Erfolge in der Behandlung von Muskelverspannungen, Haltungsschäden und unterschiedlichen Schmerzzuständen verzeichnen, die üblicherweise mit krankengymnastischen Übungen angegangen werden. Sie bewirkt bei den unterschiedlichsten Erkrankungen bemerkenswerte positive Veränderungen oder führt sogar zur Heilung. Sie kann bei Störungen jeglicher Art helfen, von Allergien wie Neurodermitis, Heuschnupfen, Nahrungsmittelunverträglichkeiten und anderen mehr über Asthma, Hauterkrankungen und psychische Störungen, bis hin zum Diabetes. Dennoch möchte ich sie nicht als ein Wundermittel anpreisen, das einmal angewandt die große Veränderung bewirkt. Die Kinesiologie leitet einen Prozeß ein, der oft eine schnelle Wirkung hat, sich aber auch über Monate oder Jahre erstreckt, abhängig von dem Zeitraum, in dem sich die Störung entwickelt hat. In vielen Fällen wird zusätzlich eine medizinische Behandlung angezeigt sein, am besten durch einen Arzt, der eine ganzheitliche Sichtweise hat und nicht nur Symptome und Defekte sieht. Manche Ärzte setzen den Muskeltest bereits mit großem Erfolg zur Diagnostik und zur Auswahl der geeigneten Medikamente und Therapien ein. Vergleichen Sie dazu die von dem Arzt John Diamond geschriebenen Bücher „Die Heilkraft der Emotionen" und „Der Körper lügt nicht".

Da gerade Kinder mit Lernstörungen vermehrt psychosomatische Erkrankungen entwickeln, erscheint mir dieser Aspekt wichtig. Die Kinesiologie vermag zu erkennen, ob Beschwerden mit Lernproblemen zusammenhängen, selbst wenn diese sich nicht oder noch nicht als gravierende Schulprobleme äußern.

Die Behandlung erfolgt im Sitzen oder Liegen. Der Patient bleibt dabei bekleidet. Über den Muskeltest werden Energieblockaden aufgedeckt und gelöst. Der Behandler sucht belastende Emotionen und Zusammenhänge zwischen psychischen und körperlichen Symptomen. Durch einen schwachen Indikatormuskel zeigt der Körper ihm Streß an. Für die Korrektur führt der Patient je nach dem Testergebnis bestimmte Bewegungen aus, oder der Behandler hält oder reibt ihm bestimmte Punkte an Kopf, Rumpf oder Gliedermaßen oder fährt mit seiner Hand eine oder mehrere Energiebahnen ab. Im Gespräch und durch wiederholte Kontrolle der Ergebnisse des Gesprächs bemühen sich Behandler und Behandelter zusätzlich zu den erwähnten Korrekturen um eine Möglichkeit, mit den bestehenden Schwierigkeiten besser umzugehen, beispielsweise durch konkrete Änderungen des äußeren Umfeldes und auch der Einstellungen den Schwierigkeiten gegenüber. Eine gründliche Behandlung dauert ein bis zwei Stunden.

Bei Kindern mit Lernproblemen zeigt der Muskeltest im allgemeinen die Notwendigkeit einer Behandlung nach dem Brain-Gym-Programm an. Zuerst wird ein Ziel formuliert und ausgetestet, das dem Kind wichtig ist. Es könnte beispielsweise lauten: Ich kann besser lesen. Zu diesem Ziel kann eine Emotion ausgetestet werden, die in diesem Zusammenhang belastend ist. Oft sind bei Kindern wie diesem verschiedene Augenbewegungen und Augenpositionen Stressoren und führen zu Blockaden. Es fällt ihnen beispielsweise schwer, nach oben zu schauen. Wenn sie nun in der Schule von der Tafel abschreiben und ins Heft übertragen sollen, dann müssen sie den Kopf heben und senken und dabei immer wieder, wenn auch nur vorübergehend, die belastenden Augenstellungen einnehmen. Oder das schnelle Hin- und Herbewegen der Augen löst Blockaden aus, was sich beim Lesen ungünstig auswirkt. In ähnlicher Weise kommt es häufig vor, daß ein Ohr oder auch beide Ohren abgeschaltet und folglich nicht in der Lage sind, Gehörtes aufzunehmen.

Im Vordergrund der Korrektur stehen die Mittellinienübungen, die die Zusammenarbeit der Gehirnhälften verbessern, dann die Längungsübungen, die Flucht-, Angst- und Rückzugsreaktionen und damit Verhaltensstörungen abbauen, und schließlich die Energieübungen, die die Energieversorgung verbessern. Bei ausgeprägten Störungen wird zusätzlich eine sogenannte Bahnung durchgeführt. Zum Schluß werden Übungen ausgetestet, die das Kind zu Hause eine Zeitlang ausführen soll. Wie lang dieser Zeitraum dauert, wird wiederum ausgetestet. Nach Ablauf dieser Zeitspanne folgt eine weitere Behandlung. Oft ist sie nach sechs bis acht Wochen angezeigt.

Es ist wünschenswert, daß die Eltern oder ein Elternteil dabei sind. Sie können sich dann besser vorstellen, was mit ihrem Kind geschieht. Außerdem hat der Behandler die Möglichkeit, auf die Eltern zurückzugreifen, wenn der Test einen Zusammenhang der bestehenden Probleme mit dem Verhalten der Eltern aufdeckt oder anzeigt, daß die Eltern an den Rahmenbedingungen etwas ändern sollten. Gemeinsam kann dann an der Lösung gearbeitet werden.

Es kann sein, daß der Behandler nicht direkt mit dem Kind arbeitet, weil es zu unruhig ist oder sich aus einem anderen Grund nur mit großer Mühe testen läßt. Dann kann er eine dritte Person zwischen sich und das Kind schalten. Alle drei berühren sich, und der Behandler testet das Kind über das Surrogat, führt die Korrektur jedoch am Kind aus. Diese Behandlung hat den gleichen Erfolg wie die direkte Arbeit mit dem Kind. Anschließend werden Übungen für zu Hause ausgetestet.

Über den Verstand können Sie diese Methode nicht erfassen. Wenn Sie offen sind und sich auf diesen Weg einlassen, dann hilft die Kinesiologie auch Ihnen. Dieser Weg ist mühsamer als das Einnehmen von Tabletten, denn er beinhaltet Arbeit an den eigenen Schwächen und an der Vergangenheit. Doch ist er auch befriedigender.

Kinesiologie kann sich jeder zunutze machen. Es muß nicht immer eine gründliche Behandlung stattfinden. Es hilft bereits viel, wenn kinesiologische Elemente in die alltägliche Arbeit einfließen. Es wäre schön, wenn jeder, der mit lernauffälligen Kindern zu tun hat, zumindest über einfache Grundkenntnisse und erste eigene Erfahrungen verfügen würde, die er sich an zwei Wochenenden in Seminaren aneignen kann. Mit einiger Übung gelingt es bereits, sie gewinnbringend einsetzen. Ich spreche hiermit insbesondere Erzieher, Grundschullehrer, Ergotherapeuten, Motopäden, Logopäden, Psychologen, Ärzte und natürlich die Eltern solcher Kinder an. Bereits ein kleiner Aufwand zahlt sich bald aus. Sicher braucht jeder eine Weile, bis er mit der zunächst neuen Methode vertraut ist und empfindet sie in dieser Zeit als mühsam. Die meisten Menschen sind anfangs auch unsicher, wie die Kollegen, Eltern oder auch Ehepartner reagieren. Manche fangen vielleicht an zu lachen und machen sich lustig. Lassen Sie sich von solchen Reaktionen nicht verunsichern. Mit der eigenen Sicherheit stellen sich dann auch die Erfolge ein. Nur auf diesem Weg werden Sie Ihr Umfeld in Ihrer Richtung beeinflussen können. Ich kann Ihnen nur versichern, daß wir selbst Probleme mit dem Lernen unter anderem mit der Kinesiologie in den Griff bekommen haben und neue Schwierigkeiten auch immer wieder in den Griff bekommen. Neben allmählichen Entwicklungen gab es wiederholt sprunghafte Fortschritte bei Einzelproblemen, die uns immer wieder erstaunt haben. Dabei haben wir sowohl die Hilfe eines niedergelassenen Kinesiologen in Anspruch genommen als auch selbst kinesiologisch mit unseren Kindern und uns selbst gearbeitet.

Wenn Sie mehr über Kinesiologie wissen wollen, dann empfehle ich Ihnen die im Anhang aufgeführten Titel von Ballinger, Dennison, Diamond und la Tourelle sowie die Teilnahme an kinesiologischen Seminaren. Sie erfordern keine Vorkenntnisse. Über Veranstaltungsorte und -zeiten gibt das Institut für Angewandte Kinesiologie Auskunft (vgl. Adresse im Anhang).

Dorthin können Sie sich auch wenden, falls Sie eine kinesiologische Behandlung anstreben und Namen und Adressen von Kinesiologen in Ihrer Nähe erfahren wollen. Es ist vorteilhaft, wenn der Behandler schon einige Erfahrung und Sicherheit im Umgang mit der Kinesiologie hat und womöglich auch mit Kindern mit Lernproblemen, denn die Qualität einer kinesiologischen Arbeit hängt in entscheidendem Maß von der Erfahrung, der persönlichen Eignung und der Sensibilität des einzelnen ab.

Die Berufsbezeichnung Kinesiologe ist noch nicht geschützt. Die Kosten für seine Leistungen werden von den Krankenkassen derzeit nicht erstattet.

Vermitteln Sie Ihrem Kind das Gefühl von Halt und Sicherheit

So können auch die anderen nachfühlen, wie es Ihrem Kind manchmal geht

Es gibt vermutlich genügend Erwachsene, die behaupten, Kinder mit Lernproblemen könnten in der Schule besser sein. Sie müßten sich nur mehr anstrengen, sich besser konzentrieren und seine Eltern müßten etwas strenger und konsequenter erziehen. Oder sie stempeln ein solches Kind kurzer Hand ab mit den Worten „dumm, faul, frech und ungezogen". Sie kennen den Zusammenhang zwischen Lernproblemen und Wahrnehmungsstörungen nicht.

Geben Sie diesen Menschen die Möglichkeit, sich in die Situation eines wahrnehmungsgestörten Kindes zu versetzen, indem Sie ihre Wahrnehmung vorübergehend irritieren. Dazu möchte ich Ihnen einige Beispiele geben, auf die ich gerne zurückgreife.

Ich bitte mein Gegenüber, einen großen, ruhig ungleichmäßigen Stern mit vielen Zacken auf ein großes Papier zu malen. Anschließend bitte ich ihn, die Linien dieses Sterns nochmals nachzuzeichnen, verdecke aber den Blick auf den Stern durch einen Karton und halte einen Handspiegel so, daß er den Stern nur im Spiegelbild sehen kann. Die visuelle Wahrnehmung wird dadurch erheblich gestört. Das Ergebnis ist meist ein fahriges Gekritzel. Ich steigere das Erlebnis, indem ich gleichzeitig auf mein Gegenüber einrede: „nun beeil dich doch, das ist doch eine läppische Aufgabe, und du stellst dich an, als wäre es wer weiß was, einen Stern zu malen." Unter Streß bleibt der Stift an den Ecken hängen und das Gekritzel wird noch schlimmer. Dann schalte ich um auf Beruhigen und vermittle Wohlwollen und Verständnis. Ich streichel dann beispielsweise über den Rücken, sage, daß wir ganz viel Zeit haben und daß die Bewältigung der Aufgabe schon gelingen wird. Dann löst sich eine Blockade, und der Stern gelingt besser. Diese Erfahrung hat schon viele Eltern und Lehrer aufgerüttelt. Sie unterstellen bei Lernproblemen nicht mehr die mangelnde Bereitschaft des Kindes, sondern sind bereit, seine Problemen zu sehen, etwas gegen sie zu unternehmen und gehen fortan auch anders mit dem jeweiligen Kind um.

Auch mit der nächsten Übung störe ich die Wahrnehmung. Ich bitte mein Gegenüber, seine Adresse auf Papier zu schreiben und gleichzeitig mit dem linken Fuß gleichmäßige Kreise gegen den Uhrzeigersinn auf den Boden zu malen. Das Schriftbild wird ungelenk. Auch bei dieser Demonstration kann ich erst Streß geben und anschließend Wohlwollen und Verständnis vermitteln. Diese unterschiedlichen Bedingungen werden sich ziemlich sicher im Schriftbild niederschlagen.

Ich nenne Ihnen noch eine dritte Möglichkeit, die Wahrnehmung zu stören. Für sie habe ich mir ein DIN A4 Papier vorbereitet. In die erste Zeile habe ich lauter große Punkte in fünf unterschiedlichen Farben gemalt, die sich in unregelmäßiger Riehenfolge aneinander reihen. In die folgenden Zeilen habe ich die Bezeichnungen dieser Farben geschrieben, ebenfalls in unregelmäßiger Reihenfolge. Zum Schreiben habe ich Buntstifte in eben diesen Farben verwendet. Doch habe ich bewußt nicht auf eine Zuordnung des richtigen Buntstifts zu den Farbenbezeichnungen geachtet. Das Wort „grün" kann zwar mit einem grünen Stift geschrieben sein, dies ist aber Zufall. Nun bitte ich mein Gegenüber, die Farben der Punkte so zügig als möglich zu benennen und anschließend die geschriebenen Wörter vorzulesen. Beides bereitet keine Schwierigkeiten. Dann soll er versuchen, in der gleichen Geschwindigkeit die Farben zu benennen, in denen die Worte der Reihenfolge nach geschrieben sind. Er wird mit großer Wahrscheinlichkeit durch die Wahrnehmung der Buchstaben so gestört sein, daß er immer das Wort lesen will, das ja auch eine Farbe ausdrückt, statt die Farbe des Wortes anzugeben. Dann gebe ich wieder Streß. Prompt wird das Lesen noch schlechter. Das beste Ergebnis bei dieser Aufgabe lieferte mir einmal ein legasthenischer Junge. Die Buchstaben haben ihn nicht gestört, sagte er, er hat nur auf die Farben geschaut. Wenn mein Gegenüber die Namen der Farben nicht flüssig vorzutragen vermag, fordere ich ihn auf, sich noch mehr anzustrengen und notfalls den Finger zu Hilfe zu nehmen. Mit dem Finger unter den Buchstaben wird das Lesen dann deutlich besser, weil eben Körperwahrnehmung und Bewegung das Lernen erleichtern.

Die Konsequenz aus der hier gewonnenen Erfahrung ist dies: Wenn ein Kind auch in der dritten Klasse mit dem Finger liest, hilft es also nicht, es aufzufordern, den Finger wegzunehmen, und es hilft auch nicht, wenn es viel übt. Die Probleme liegen viel tiefer und müssen dort angegangen werden.

Ich will Ihnen noch eine letzte Möglichkeit nennen, mit der ich bei anderen Verständnis zu wecken versuche. Ich wende mich meinem Gegenüber zu und bitte ihn, zu erzählen, was er für den nächsten Urlaub geplant hat. Dann klatschen wir uns, während wir weiterreden, überkreuz in die Hände. Viele Menschen können gleichzeitig überkreuz klatschen und reden, obwohl manche schon hier ins Stocken kommen. Entweder können sie reden oder sich bewegen. Dann erhöhe ich die Schwierigkeit, wir stellen uns beide nur auf ein Bein, klatschen überkreuz in die Hände und unterhalten uns weiter. Falls mein Gegenüber auch das noch kann, und ich auch noch nicht aus dem Tritt gekommen bin, bitte ich ihn, weiterzumachen und zusätzlich das linke Auge zu schließen. Er wird nicht mehr überlegt reden, sondern hauptsächlich mit seinem Gleichgewicht kämpfen und irgendwann aufgeben und lachen. Eltern, Lehrer und Ärzte müssen sich klarmachen, daß dies die Situation von Kindern mit Lernproblemen in der Schule ist. Sie sind mit grundlegenden Körperreaktionen beschäftigt und können daher nur mangelhafte Leistung erbringen. Auch sie reagieren oft mit Lachen, es ist aber genausowenig ein glückliches Lachen. Es ist verlegenes Klassenkaspern. Oder aber sie ziehen sich frustriert zurück und werden ganz still. Oder aber sie zeigen Aggressionen. Wenn Sie Ihren Gegenüber lang genug mit den genannten Übungen quälen, wird auch er aggressiv reagieren.

Es ist wichtig, bei den Bezugspersonen eines Kindes mit Lernproblemen Verständnis für seine Schwierigkeiten zu wecken und sie die Auswirkungen von Streß auf die Leistungsfähigkeit des Gehirns erleben zu lassen. Dann hören sie auf zu glauben, es wolle sie ärgern und gebe sich keine Mühe. Sie erkennen seine Not, können mit seinem Verhalten besser umgehen und bemühen sich, Streßsituationen von ihm fernzuhalten. Der Teufelskreis ist unterbrochen. Allein dadurch lösen sich verhängnisvolle Blockaden, und das Kind kann wieder besser lernen.

Festhalten vermittelt das Gefühl von Halt und Sicherheit

Kinder, die häufige Mißerfolgserlebnisse einstecken müssen, sind deswegen traurig und deprimiert oder ungehalten und zornig, insbesondere wenn sie wissen, wie sie die Aufgabe anpacken müßen, es ihnen aber dennoch nicht gelingt. Sie verlieren den inneren Halt und haben nur mehr ein geringes Selbstbewußtsein. Worte vermögen meist keinen Stimmungsumschwung zu erzeugen. Was ist natürlicher, als zu versuchen, diesen Kindern den Halt zu geben, den sie in diesem Augenblick in sich nicht haben.

In unserer Familie halten wir die Kinder fest, wenn sie nicht mehr ausgeglichen und in ihrer Mitte sind. Dann erleben wir sie als unglücklich, quengelig, weinerlich, eifersüchtig, grantig, bissig, streitsüchtig oder zornig. Wir nehmen sie ganz fest in die Arme und gehen mit ihren Gefühlen mit, wir spiegeln sie, um ihnen zu vermitteln „ich verstehe dich", wir ermuntern sie, sich auszuschreien und ihre Tränen fließen zu lassen. Da kommt die Wut und die Trauer erst so richtig heraus. Unsere Kinder wehren sich zuerst oft massiv gegen unsere Umarmung, obwohl sie nur Zuneigung und Liebe vermitteln will. Uns kommen manchmal die Tränen über so viel Ablehnung und Unglück. Und plötzlich ist der Umschwung da, der Kummer kommt heraus, es war die lieblose Bemerkung in der Schule, die zerrissene Lieblingshose oder das Mißlingen der Hausaufgabe, was das Kind aus der Fassung gebracht hatte. Plötzlich schmelzen die negativen Gefühle dahin, und es kehrt Ruhe ein, ein In-sich-Ruhen, ein tiefes Gefühl des Verstanden-Werdens. Wir wiegen uns noch innig hin und her und drücken uns gegenseitig. Die Beziehung zwischen uns und dem Kind ist wieder klar und rein. Erst jetzt gehen wir wieder auseinander.

Seit wir unsere Kinder festhalten, haben wir ein besseres Familienklima. Wir schimpfen kaum mehr und schicken unsere Kinder auch nicht mehr weg in ihr Zimmer. Wo wir früher sagten: „Geh weg, so mag ich dich nicht", holen wir sie uns jetzt und sagen: „Bleib da, du bist ja ganz unglücklich!" Unsere Kinder weichen Konflikten nicht aus, sondern gehen mit ihnen um.

Ich wünsche mir, daß viele Familien sich für das Festhalten öffnen. Gerade wenn ein Kind Lernstörungen hat, ist es zutiefst verunsichert in seinem Selbstwertgefühl. Es spürt, daß es nicht so kann, wie es will und wie es vielleicht auch von ihm erwartet wird. Viele Kinder wissen in dieser Situation nicht eindeutig, ob die Eltern klar hinter ihnen stehen und sie einfach so liebhaben und akzeptieren, wie sie sind. Die Eltern haben oft eine Distanz zu ihrem Kind, die hervorgerufen wurde durch die eigene Unzufriedenheit, Hilflosigkeit und Enttäuschung.

Durch die klare Körpersprache des Festhaltens können Sie Ihrem Kind diese Sicherheit vermitteln. Sie können ihm auf Grund Ihrer körperlichen Überlegenheit klar machen, daß Sie so stark sind, daß es an Ihnen einen Halt findet. Es geht nicht darum, zu zeigen, wer Herr im Haus ist und etwas zu sagen hat und wer nicht. Mit der aus dem äußeren Halt erwachsenden Selbstsicherheit kann Ihr Kind ein gesundes Sozialverhalten entwickeln und, befreit von allen gerade drückenden Kümmernissen und Sorgen, innerlich gelöst und in einem aufgeräumten Seelenzustand ans Lernen gehen.

Meiner Erfahrung nach ist das Festhalten eine sehr positive, intensive Form, dem Kind wieder zu seiner Mitte zu verhelfen und es spüren zu lassen, daß jemand es hält und trägt. Neben der überwiegend positiven Reaktion werde ich auch mit großen Vorbehalten konfrontiert. Diese Vorbehalte kommen meist von solchen Menschen, die als Erinnerung an ihre Kindheit negative Gefühle mit dem Festgehalten-Werden verbinden, weil sie damals geschlagen oder bedroht wurden. Sie durften ihren Eltern nie alles offen ins Gesicht sagen und sich dennoch ihrer vorbehaltlosen Liebe gewiß sein. Voraussetzung für das Festhalten, das ich meine, ist die

Liebe. Nur so kann es gelingen, aus Ablehnung Liebe erwachsen zu lassen. Wer sein Kind nicht liebt, darf es auch nicht festhalten.

In unserem Kulturkreis haben viele Erwachsene Schwierigkeiten mit dem Körperkontakt. Auch das ist ein Grund für die ablehnende Haltung gegenüber dem Festhalten. Man faßt doch andere nicht einfach an, und schon gar nicht so innig, insbesondere wenn sie es nicht möchten. Man geht einander aus dem Weg und läßt den anderen lieber in sein Unglück laufen als ihn zurückzuhalten, mit der Begründung: „Da mische ich mich nicht ein, er will es ja so." Doch erinnere ich mich, wie es mir ging, wenn man mir meine Ruhe ließ. Ich wollte meine Ruhe haben und war zugleich unglücklich, daß niemand nach mir schaute. Hätte man mich nur festgehalten.

Das Festhalten ist nicht nur für Kinder geeignet, die unter Lernstörungen oder anderen gravierenden Problemen leiden. Es ist für alle Kinder wichtig, denn es vermittelt ihnen das Gefühl von Geborgenheit und zeigt ihnen, daß der andere für sie da ist und sie lieb hat.

Vielleicht sind Sie der Meinung, daß auch Ihrem Kind das Festhalten gut täte. Nehmen Sie sich nun nicht gleich Ihr Kind und halten es fest, es könnten Ihnen gravierende Fehler unterlaufen. Es ist nämlich nicht leicht, in der Situation des Festhaltens mit den eigenen hochkommenden Gefühlen kontrolliert umzugehen. Es darf unter keinen Umständen passieren, daß Sie im Affekt reagieren und Ihrem Kind eine Ohrfeige geben, wenn es Ihnen all seine Wut ins Gesicht schleudert. Auch Sie müssen Ihre wahren Gefühle zeigen können, ohne die Seele des Kindes zu verletzen.

Setzen Sie sich erst mit der Thematik auseinander und fühlen Sie in sich hinein, ob Sie sich das Festhalten allein zutrauen oder lieber eine Unterstützung durch eine Gruppe hätten, in der Sie auf Eltern treffen, die alle mit dem Festhalten Erfahrungen haben.

Jirina Prekop legt ihr Verständnis vom Festhalten in ihrem Buch „Hättest du mich festgehalten..." dar. Sie werden verstehen und spüren, wie unendlich liebevoll ihr Halten gemeint ist. „Die haltende Umarmung" von Martha Welch ist ein praxisnahes Handbuch für Eltern, das zu dem erstgenannten Buch eine wertvolle Ergänzung darstellt. Von ihr hat Jirina Prekop das Festhalten kennengelernt.

Darüber hinaus möchte ich Sie auf die Gesellschaft zur Förderung des Festhaltens als Therapie und Lebensform e.V. aufmerksam machen, deren Adresse Sie im Anhang finden. Sie betreut Selbsthilfegruppen in zahlreichen Städten, veranstaltet Vorträge und hält Seminare ab, bei denen die Teilnehmer eigene Erfahrungen mit dem Festhalten machen können. Diese Veranstaltungen sind nicht nur für Eltern, sondern auch für die anderen Bezugspersonen von lerngestörten Kindern interessant, insbesondere Erzieher, Lehrer und Therapeuten.

Was können Eltern für sich selbst tun?

Suchen Sie das Gespräch mit anderen betroffenen Eltern

Ungefähr ein Drittel aller deutschen Kinder im Grundschulbereich hat in irgendeiner Weise mehr oder weniger stark ausgeprägte Lernprobleme. Viele Eltern erkennen sie nicht und halten sie für normal, weil so viele Kinder in der gleichen Situation sind. So werden Störungen zur Norm. Andere Eltern sehen sie wohl, sind aber ratlos, weil sie mit vielem Üben und Ermahnen auch nicht weiterkommen. Manche von ihnen schlucken ihre Sorgen herunter und reden nicht einmal andeutungsweise mit anderen Eltern über ihre Sorgen. Sie können nicht zu den Problemen stehen und verstecken sie.

Nur wenige sprechen die Probleme an, daher könnten Sie den Eindruck gewinnen, daß auch nur wenige Kinder Lernstörungen haben. Fangen Sie an, darüber zu sprechen, Sie werden sehen, bald stehen Sie nicht mehr allein. Andere werden sich Ihnen vielleicht erleichtert anvertrauen, was für Sie und für die anderen eine Möglichkeit der Aussprache und des Abladens ist. Solche Gespräche entlasten Sie und geben Ihnen das Gefühl, mit den Problemen nicht alleine dazustehen. Und sie nehmen Ihnen auch Schuldgefühle, die Sie vielleicht haben. Gespräche mit Betroffenen ersetzen das Gespräch mit Fachleuten nicht, sind aber eine wichtige Hilfe beim Verarbeiten von Problemen, da Betroffene eine ergänzende Sichtweise haben und anders mitfühlen können als Fachleute, die meistens selber noch nicht in der Situation waren.

Vielleicht erfahren Sie von einer Elterninitiative in Ihrer Stadt oder in Ihrer Umgebung, in der Sie andere betroffene Eltern treffen können. Die anderen haben sicher schon Erfahrungen, die sie Ihnen bereitwillig weitergeben. Genauso wichtig wie der Erfahrungsaustausch ist das Gespräch und die Sicherheit, auf Verständnis und Mitgefühl zu stoßen. Und es tut auch gut, von den eigenen Erfahrungen abzugeben und anderen Eltern und Kindern damit zu helfen.

Falls es keine Elterninitiative oder Selbsthilfegruppe gibt, brauchen Sie nicht aufzugeben. Haben Sie schon einmal daran gedacht, selber eine zu gründen? Würden Sie das vielleicht ins Auge fassen, wenn da nicht die Organisation, der Verwaltungskram und das Problem der Finanzierung wäre?

Sie können dabei tatkräftige Hilfe und Beratung in Anspruch nehmen. Denn es bestehen bereits zahlreiche große und kleine Initiativen, die von Eltern teilleistungsgestörter Kinder getragen werden. Da viele Arbeiten immer neu erbracht werden müssen und kleinere Gruppen nicht ein so großes Gewicht haben wie eine große, wurde eine Bundesarbeitsgemeinschaft gegründet. Sie besteht aus Elterninitiativen, Selbsthilfegruppen und Gesprächskreisen aus den neuen und alten Bundesländern und nennt sich „Bundesarbeitsgemeinschaft Teilleistungsstörungen". Adresse und Telefonnummer entnehmen Sie bitte dem Anhang. Sie möchte einen Beitrag leisten zugunsten einer Veränderung des gesellschaftlichen Bewußtseins hinsichtlich der Problematik teilleistungsgestörter Kinder.

Von dort können Sie Informationsmaterial erhalten sowie Hinweise und Beratung zu Fragen der Finanzierung, der Organisation, der Gruppendynamik und allen weiteren Bereichen, in denen Sie Unterstützung suchen. Wenden Sie sich auch dorthin, wenn Sie einfach Fragen zu Ihrem Kind haben oder wissen möchten, wo in Ihrer Nähe eine Selbsthilfegruppe ist, zu der Sie Kontakt aufnehmen könnten.

Überdenken Sie Ihre eigenen Verhaltensweisen

Bei Lernstörungen denken die meisten an das Kind und wollen es dahingehend ändern, daß es im bestehenden familiären und schulischen Milieu zurecht kommen und sich einfügen kann. Nun habe ich dargestellt, daß Lernstörungen in einem hohen Maß bedingt sind durch mangelnde Erfahrungen in einem überladenen und überreizten Alltag. Ich denke, daß Verhaltens- und Lernstörungen eine erklärliche Reaktion der Kinder auf unsere in vielerlei Hinsicht krankmachende Lebensweise sind. Das hören wir nicht gerne, denn wenn das so ist, dann kommen wir nicht umhin, unser eigenes Verhalten zu ändern. Gleichzeitig müssen wir den Kindern helfen und den bei ihnen durch unsere Lebensweise verursachten Schaden möglichst ausgleichen, indem wir ihnen eine reizvolle, aber nicht überreizte Erlebniswelt anbieten.

Wir können unsere Lebensweise und damit die Bedingungen für ein gesundes Aufwachsen der nächsten Generation zum Besseren hin verändern, wenn jeder einzelne seine Verhaltens- und Lebensweise in Frage stellt und sich verändert. Dabei ist es wichtig, daß wir uns für das entscheiden, was uns in unserem tiefsten Inneren als richtig erscheint, und uns auf unseren Instinkt verlassen.

Viele Eltern haben aber diese instinktive Sicherheit und ursprüngliche Mütterlichkeit und Väterlichkeit verloren oder sie auch nie entwickeln können und orientieren sich daher in erster Linie an Informationen, die von außen an sie herangetragen werden. Um zu dieser instinktiven Sicherheit finden zu können, müssen sie sich in Frage stellen und an sich arbeiten.

Es ist günstig, für diese Entwicklung Hilfe suchen. Es gibt sicher vielerlei Möglichkeiten, doch zeige ich Ihnen nur einige auf, die mir besonders wichtig erscheinen.

Zuerst möchte ich die Familientherapie erwähnen. Sie bezieht von vornherein die ganze Familie ein. Wenn ein Kind ausgeprägte Verhaltens- und Lernstörungen zeigt, ist immer die ganze Familie belastet. So bietet die Familientherapie jedem in diesem Beziehungsgefüge Hilfe an. Es ist natürlich wünschenswert, daß beide Eltern mitmachen. Wenn ein Elternteil sich weigert mitzumachen, dann ist es immer noch besser, daß der andere Elternteil Hilfe sucht, bevor alles beim unerfreulichen Alten bleibt.

Hilfe für sich selbst finden Sie auch über die Kinesiologie. Vielleicht möchten Sie Ihrem Kind eine kinesiologische Behandlung angedeihen lassen, dann ist es zu Ihrem Besten und auch zum Besten Ihres Kindes, wenn auch Sie sich in diesem Zusammenhang behandeln lassen und aktiv an sich arbeiten. Dabei können Sie belastende Themen und die dazu gehörigen Emotionen aufarbeiten und innere Verspannungen lösen. Dadurch werden Blockaden gelöst, und Sie gewinnen Zugang zu Energien, die bislang zum Verdrängen und Verdecken benötigt waren. Eine solche Behandlung setzt voraus, daß der Kinesiologe über viel Erfahrung und Wissen auf seinem Gebiet verfügt.

Vielleicht erkennen Sie auch Ähnlichkeiten zwischen den Problemen Ihres Kindes und Ihren eigenen von früher, die Ihnen noch nicht bewußt waren. Durch Ihre eigene Veränderung verändert sich in einem langen Prozeß auch das Verhalten Ihrer Umgebung, das ja mit dem Ihren verknüpft ist.

Auch meine Erfahrungen mit dem Festhalten haben mir geholfen, näher an meine natürliche Sicherheit heranzukommen, weil ich mehr und mehr lernte, mich auf die Gefühle und Bedürfnisse meiner Kinder und auch auf meine eigenen einzulassen und mit ihnen umzugehen.

Für den/die Lehrer/in ist es schwer

Wenn er Verständnis aufbringt, ist schon viel gewonnen

Ein Lehrer, der von der Problematik der Teilleistungsstörungen aufgrund der bestehenden Lücken in der Ausbildung nur wenig oder fast nichts weiß, verstärkt durch sein eigenes Verhalten ungewollt und entgegen seinen besten Absichten die Probleme, die Kinder mit Teilleistungsstörungen haben und dadurch auch bereiten.

Er glaubt dann, das Kind sei ungezogen und wolle ihn womöglich ärgern, wenn es gelangweilt zum Fenster herausschaut, sich auf die Bank lümmelt und vielleicht auch noch vom Stuhl fällt, oder wenn es bei der Aufforderung, das grüne Heft aus der Schultasche zu holen das grüne Heft angeblich nicht finden kann, obwohl man es sogar aus zwei Metern Entfernung deutlich sieht. Er kommt nicht auf den Gedanken, daß dieses Kind Probleme mit der Wahrnehmung hat und offensichtlich schlicht und ergreifend nicht besser kann.

Da der Lehrer die Hintergründe nicht kennt, reagiert er unangemessen, indem er schimpft oder gar eine demütigende Bemerkung macht und zum Beispiel sagt: „Nun mach schon. Du bist doch nicht blind. Immer müssen wir auf dich warten." Ja, blind ist das Kind nicht, es verfügt über eine normale Sehkraft, wie der Augenarzt einmal bestätigte, aber das Gehirn verarbeitet die optischen Reize nicht einwandfrei, daher kommt es zu dieser Fehlleistung.

Unter Druck und Streß, und dazu gehören in entscheidendem Maß Unverständnis und eine überzogene Erwartungshaltung, wird die Reizverarbeitung noch schlechter und die Problematik nimmt zu statt ab.

Ein Lehrer wird jetzt vielleicht einwenden, daß am meisten Schuld an der zunehmend großen Zahl von schwierigen Kindern nicht ihr Unterrichtsstil hat, sondern die vielen zerrütteten Familien, das übermäßige Fernsehen und all die anderen Ursachen, die in diesem Buch bereits Erwähnung fanden. Doch hier ist wieder zu betonen, daß unsere Lebensweise das kindliche Gehirn daran hindert, alle Reize richtig aufzunehmen, zu verarbeiten und weiterzuleiten. Dennoch hat jedes Kind Stärken in seiner Reizverarbeitung, über die es selbstverständlich lernen kann.

Da nun jedes Kind anders gelagerte Stärken und Schwächen hat, muß der Lehrer den Lernstoff so anbieten, daß jedes Kind seinen für ihn am besten geeigneten Weg beschreiten kann. Seine Aufgabe besteht darin, jedem Kind zu helfen, diesen Weg zu finden. Der Lehrer ist also nicht „schuld" an den Lernproblemen, aber er muß sie ebenso wie die Eltern ausbaden. Es bleibt ihm nur, sich auf die Probleme einzulassen und seinen Unterrichtsstil an die veränderten Bedürfnisse anzupassen, wenn er verhindern möchte, daß die Kinder, die an ihren Defiziten als einzige überhaupt nicht „schuld" sind, die Freude am Lernen verlieren. Nur so kann er seinem erzieherischen Auftrag nachkommen.

Kinder mit Lernproblemen bedeuten für den Lehrer im Klassenverband eine Belastung, denn die Klassen sind oft groß, und etliche Kinder haben irgendwelche Schwierigkeiten. Unter den gegebenen Bedingungen fehlt es dem Lehrer an der Zeit und an den notwendigen Kenntnissen, um bei jedem Kind herauszufinden, wo genau seine Teilleistungsstörung liegt, an welcher Stelle eines Handlungsablaufes das Kind also hängen bleibt. Dies zu leisten ist und bleibt ihm unmöglich.

Für das erste kann er die Leistungsfähigkeit des Kindes dadurch steigern, daß er sein Selbstbewußtsein stärkt, indem er seine Stärken hervorhebt und ihm die Sicherheit vermittelt, daß er es so annimmt, wie es ist.

Im Rahmen seiner Möglichkeiten liegt es auch, sich ein Grundwissen anzueignen bezüglich der Teilleistungsstörungen, ihrer unterschiedlichen Erscheinungsformen und Auswirkungen auf die Gesamtpersönlichkeit des Kindes sowie die möglichen Therapieansätze. Besonders hilfreich für Lehrer dürfte das Buch mit dem Titel „Lernprobleme in der Schule" von Marianne Frostig und Phyllis Maslow sein sowie „Kognitive Entwicklung und zerebrale Dysfunktion" von Werner Radigk. Lehrern der ersten Grundschulklassen möchte ich darüber hinaus „Integrationsstörungen, Diagnose und Therapie im Erstunterricht" von Ingelid Brand u. a. empfehlen. Eine fächerübergreifende Darstellung der gesamten Problematik bietet „Lernstörungen und Hirnfunktion, eine neuropsychologische Betrachtung" von William Gaddes. Er stellt Lernstörungen in den Gesamtzusammenhang und weist auf die Notwendigkeit der Zusammenarbeit von Ärzten, Psychologen, Therapeuten, Lehrern und Eltern hin.

Wenn ein Lehrer sich mit dem Hintergrund und den Zusammenhängen von Lernstörungen auseinandergesetzt hat, wird er viele Dinge sicher anders sehen als zuvor. Nun steht er an dem Punkt, wo er sich fragt, wie er dieses Wissen nun in seinem Schulalltag umsetzen kann, um diesen Kindern das Lernen zu erleichtern.

Er nimmt Kontakt zu Fachleuten auf

Was ist naheliegender als der Gedanke, Fachleute oder mit diesen Fragen vertraute Eltern zu befragen. Im ersten Augenblick baut dieser Gedanke bei manchen Lehrern vielleicht eine Hürde auf. Sie scheuen sich davor zu fragen, denn allein durch die Tatsache, daß sie fragen müssen, zeigen sie, daß sie nicht alles wissen. Sie fürchten vielleicht, daß dies einen Autoritätsverlust nach sich ziehen könnte.

Auf den zweiten Blick ist das aber der beste Weg. Der Lehrer büßt bestimmt nicht Autorität ein, sondern gewinnt im Gegenteil an Achtung. Gerade durch dieses Verhalten beweist er menschliche Reife und Verantwortungsbewußtsein.

Als Fachleute sind in erster Linie Ärzte, Ergotherapeuten, Motopäden, Kinesiologen und Psychologen zu nennen, die mit Kindern arbeiten. Sie können selbst Rat erteilen oder aber weiterführende Adressen nennen. Ein Lehrer kann einfach einen solchen in seiner Stadt anrufen und ihn um ein Gespräch bitten. Was können aber Lehrer machen, die irgendwo auf dem Land unterrichten, wo die therapeutische Versorgung für lernauffällige Kinder praktisch nicht existiert?

Sie können sich an den Berufsverband der Ergotherapeuten oder Motopäden wenden. Dort erfahren sie, wie der für sie am nächsten gelegene niedergelassene Therapeut zu erreichen ist, wo Seminare für Eltern, Lehrer, Ärzte und Erzieher abgehalten werden und erhalten Informationen, in welchen Fällen eine Behandlung durch einen Ergotherapeuten beziehungsweise Motopäden anzuraten ist. Die entsprechenden Adressen sind im Anhang aufgeführt. Sobald der Lehrer die Adressen der ihm am nächsten gelegenen Therapeuten kennt, kann er Kontakt zu einem von ihnen aufnehmen und später auch Eltern an ihn weiterverweisen.

Den Eltern macht er es sicher leichter, wenn er ihnen sagt, daß er ihretwegen Herrn oder Frau Sowieso schon angerufen und sich mit ihm/ihr beraten hat, und daß er oder sie innerhalb der nächsten zwei Wochen auf ihren Anruf hofft. Es ist eine hilfreiche Geste, wenn er nach Ablauf dieser Zeit die Eltern anruft und sie fragt, ob das Gespräch schon stattgefunden hat und wie es verlaufen ist. Falls es zu einer Therapie kommt, sollte der Lehrer offen sein für eine Zusammenarbeit mit dem Therapeuten und ihn um Rat fragen. Seine Hinweise werden für den Schulalltag eine spürbare Entlastung bedeuten.

Auch wenn der Therapeut so weit entfernt ist, daß eine regelmäßige Therapie unmöglich ist, so ist es doch zu wünschen, daß die Eltern und auch der Lehrer ihn in größeren Abständen aufsuchen oder zumindest anrufen, um zu berichten und Rat einzuholen. Selbstverständlich ist es notwendig, mit dem Therapeuten über eine angemessene finanzielle Regelung einig zu werden.

Außerdem kann sich ein Lehrer an die Bundesarbeitsgemeinschaft Teilleistungsstörungen wenden, sich dort Informationsmaterial erbitten und nach Elterninitiativen in seiner Nähe erkundigen. Über die so gewonnene Kontaktadresse kann er dann von betroffenen und schon erfahrenen Eltern sicher konkrete Hinweise für seinen Unterricht erhalten. Das fällt ihm vielleicht leichter, als Eltern seiner eigenen Schüler um Rat zu fragen und diesen dann auch anzunehmen. Auch diese Adresse ist im Anhang zu finden.

Wichtige Hinweise zur allgemeinen Entwicklung eines Kindes kann der Lehrer auch von dem Kindergarten erhalten, den das Kind vor der Schule besucht hat. Mit den Kenntnissen zur Entwicklung von Teilleistungsstörungen kann er auch noch gezieltere Fragen stellen. Allerdings muß er vorher die Eltern um Erlaubnis fragen. Einen guten Kontakt zwischen Kindergärten und Grundschullehrern der ersten beiden Jahrgänge halte ich für ausnehmend wichtig, um dem vorzubeugen, daß aus Teilleistungsstörungen ernsthafte Lernprobleme erwachsen. Das wird leider noch zu wenig praktiziert.

Kinder mit Lernproblemen brauchen klare, eindeutige Strukturen

Sie haben oftmals Schwierigkeiten mit der räumlichen Orientierung. Das fängt schon damit an, daß sie ihr Klassenzimmer nicht immer auf Anhieb finden und sich daher verlaufen. Das passiert ihnen insbesondere, wenn sie während des Unterrichts auf die Toilette müssen und keine anderen Kinder da sind, denen sie einfach nachlaufen können. Alle Türen sehen gleich aus. Wenn sie endlich angekommen sind, werden sie womöglich für ihr vermeintliches Getrödel geschimpft. Es kommt niemand auf die Idee, sie zu fragen, ob sie Schwierigkeiten hatten, weil sie so lange weg waren. Für dieses Problem gibt es eine einfache Abhilfe. Ein Bild oder ein Aufkleber auf der Tür macht das Klassenzimmer von außen unverwechselbar. Diese Kinder müssen sich auch konzentrieren, wenn sie ihren Tisch wiederfinden wollen. Nach kurzem Nachdenken gelingt es ihnen. Wenn keine anderen Kinder im Raum sind, an denen sie sich orientieren können, wird es für sie schon schwieriger, ihren Platz wiederzufinden. Es ist für sie eine Erleichterung, wenn ihr Sitzplatz eindeutig gekennzeichnet ist, beispielsweise durch eine Farbe oder durch Dinge, die nur bei ihnen unter der Bank liegen. Es ist also einfach, kleine Hilfen einzubauen.

Die Schwierigkeiten in der räumlichen Orientierung setzen sich insbesondere in der ersten Klasse fort in den Unsicherheiten beim Unterscheiden von rechts und links. Es ist hilfreich, wenn der Grundschullehrer am Anfang für mehrere Wochen oder sogar Monate eine eindeutige Kennzeichnung für rechts und links einführt. Er ordnet allen möglichen Dingen, die immer links beziehungsweise rechts sind, durchgängig immer die gleichen zwei Farben zu. Damit unterstützt er die Kinder darin, ihr Gefühl für die Seitigkeit zu verbessern. Die Bedeutung dieser Sicherheit für das Lesen, Schreiben und Rechnen habe ich bereits an anderer Stelle dargelegt. Immer auf der rechten Seite ist der rechte Arm, die rechte Tischseite, die rechte Heftseite, die rechte Tafelseite, die rechte Seite der Tür. Vorsicht, sie muß so gekennzeichnet werden, daß die Markierung für die rechte Seite nur gesehen wird, wenn die Tür von vorne angesehen wird und nicht von der anderen Seite, dann ist das nämlich links. Dabei ist es unerheblich, auf die Kennzeichnung „rechts" und „links" zu schreiben. Darum geht es nicht. Solange ein sicheres Gefühl für die Unterscheidung der beiden Seiten noch nicht entwickelt ist, hilft dieser nur über den Kopf und nicht über den Körper gesteuerte Hinweis nichts. Ziel ist es, die Orientierung unter anderem durch eine Koppelung von Erspüren und Begreifen durch den Einsatz möglichst vieler Sinneskanäle zu erreichen.

Übrigens gibt es neben der Schwierigkeit in der Unterscheidung von rechts und links auch noch Probleme mit vorne und hinten, oben und unten und folglich auch vorher und nachher. Daß dies Auswirkungen auf Probleme der Reihenfolge, des Planens einer Handlung und auch des Wartens hat, sei nur nebenbei erwähnt. Die zunehmende Sicherheit bei rechts und links wirkt sich auch auf die Sicherheit mit den anderen Dimensionen aus.

Kinder mit Lernproblemen brauchen in besonderem Maße klare, übersichtliche Strukturen. Dies bezieht sich auch auf die Ordnung und Übersichtlichkeit des angebotenen Unterrichtsmaterials. Alles muß seinen festen, eindeutigen Platz haben. Eine überladene Zimmerdekoration ist zu vermeiden.

Darüber hinaus ist eine übersichtliche Anordnung der Arbeitsblätter von großer Bedeutung. Viele der üblichen Arbeitsblätter sind in dieser Hinsicht verbesserungsfähig. Mehr Absätze und eine zusätzliche Unterscheidung durch unterschiedliche Schrifttypen wären hilfreich. Außerdem kommt der Einsatz von Farben zum Auseinanderhalten zu kurz. Der Lehrer könnte zum Beispiel beim Einführen neuer Rechenarten das Neue in einer bestimmten Farbe kennzeichnen und von anderem absetzen. Sicher macht das Arbeit, aber es erspart spätere Probleme.

Auch sprechen die Arbeitsblätter fast auschließlich das Lesen und Schreiben an, bestenfalls noch das Hören durch die Vorstellung oder das Aussprechen eines Wortes. Arbeitsblätter könnten noch interessanter sein, etwa durch die Verwendung von Naturmaterialien, Aufklebern, Klämmerchen usw. zum Kennzeichnen der richtigen Antwort. Interessante Anregungen hierzu bietet das bereits erwähnte Buch von Barbara Meister-Vitale „Lernen kann phantastisch sein".

Schlecht kopierte Blätter erschweren Kindern das Arbeiten. Oft genug sind einige Wörter kaum lesbar und das Schriftbild verschwommen. Der Lehrer bemerkt zwar meistens, daß die Kopie schlecht ist, schaut sie an und meint, daß das schon noch zumutbar ist. Für ihn mag sie das vielleicht sein, aber nicht für ein Kind mit Problemen in der visuellen Auflösung. Lehrer, die von diesen Schwierigkeiten wissen, achten besonders auf klare Kopien.

Gehen wir davon aus, daß ein Lehrer allen diesen Gedanken gegenüber offen ist und die Anregungen aufgreift. Er kann glücklich sein, denn er bietet allen Kindern die Möglichkeit, mit noch mehr Spaß zu lernen, und verhilft Kindern mit Problemen zu den vielleicht ersten, spürbaren Erfolgserlebnissen. Dennoch wird es auch bei ihm vorkommen, daß ein Kind einmal überreizt ist und eine kleine Pause braucht, in der es sich vor weiteren Reizen schützen kann.

Sehr segensreich wirkt es sich aus, wenn er den Kindern im Klassenzimmer einen Rückzugswinkel zur Verfügung gestellt hat. Es genügen zwei ansprechend – nicht zu bunt – bezogene Matratzen mit einem Kuschelkissen und zwei, drei Möbelstücken außen herum. Da können sie für eine Weile hingehen, wenn ihnen alles zu viel wird und sie überreizt sind.

Vielleicht denken manche Lehrer, daß sie dann nur noch faulenzen und nichts mehr lernen. Ich denke, sie haben zu wenig Vertrauen in ihre Schützlinge. Kinder wollen ja lernen und schließen sich nach einer kurzen Pause wieder dem Unterricht an. Vorausgesetzt, sie wissen, daß sie geachtet werden und nicht immerfort einer Überforderung ausgesetzt sind, der sie ausweichen wollen. Lehrer, die dies lange Zeit praktizieren, machen gute Erfahrungen. Sicher löst am Anfang der Reiz des Neuen ein besonderes Interesse an der Kuschelecke aus. Doch legt sich diese Phase, wenn jeder sie einmal ausprobiert hat.

Es ist es eine besonders wichtige Aufgabe des Lehrers, dafür Sorge zu tragen, daß alle, die Kinder und auch er selbst, sich wohl fühlen können. Wenn er die Kinder fragt, was sie noch ändern möchten, um sich noch wohler zu fühlen, dann werden sie vermutlich konstruktive Ideen beisteuern, auf die er gar nicht gekommen ist. Gemeinsam mit den Kindern kann er dann überlegen, wie sie diese Ideen umsetzen können. Der Plan muß dann natürlich auch in die Tat umgesetzt werden. Es ist gerade in der Grundschule noch möglich, Kinder aktiv das Klassenzimmer mitgestalten zu lassen. So fühlen sie sich ernst genommen und sind noch motivierter zur Mitarbeit. Und die Motivation ist entscheidend für den Spaß am Lernen und auch das Abspeichern des Gelernten im Langzeitgedächtnis. Mit solchen Maßnahmen macht der Lehrer also den Kindern und auch sich das Leben leichter.

Ganzheitliches Lernen spricht alle Kinder an

Es ist falsch zu glauben, daß der Lernstoff in der Schule Buchwissen ist und folglich als Buchwissen vermittelt werden muß, natürlich mit Ausschmückungen, damit es auch kindgerecht ist, um es einmal sehr spitz zu formulieren. Lernen ist aber Bewegung und vielfältige Erfahrung. Unser herkömmlicher Weg, Kinder in der Schule zu unterrichten, geht an den kindlichen Bedürfnissen vorbei. Das zeigt sich durch die Zunahme der Teilleistungsstörungen immer deutlicher.

Auch im Rahmen des bestehenden Schulsystems hat der Lehrer

die Möglichkeit, ein Lernen mit allen Sinnen zu ermöglichen, so wie es auch die Montessori-Schulen praktizieren. Er muß dazu andere Unterrichtsmaterialien einsetzen, die den Kindern zu greifbaren und spürbaren Lernerfolgen verhelfen. Verschiedene Anregungen, wie Lehrstoff so angeboten werden kann, daß er das ganze Kind und nicht nur seinen Kopf anspricht, habe ich bereits an anderer Stelle dargestellt. Ich denke, zumindest einige dieser Anregungen eignen sich auch für den Unterricht in der Klasse. Weitere Vorschläge kann ein interessierter Lehrer auch weiterführender Literatur entnehmen oder sich in Kindergärten holen, wo Materialien für größere Kinder zu finden sind. Die Zusammenarbeit mit versierten Erzieherinnen ist für Grundschullehrer wertvoll und wichtig. Zusätzliche Informationen kann er auch vom Institut für Ganzheitliches Lernen und von der Internationalen Frostig-Gesellschaft erhalten (vgl. Adressen im Anhang).

Offene Klassenführung und Freiarbeit wären eine ideale Lösung

Diese Art zu unterrichten ermöglicht ein hohes Maß an Flexibilität im Gegensatz zu der sonst üblichen Gleichförmigkeit der Methoden. Der Unterricht unterscheidet sich durch das veränderbare Lernumfeld, die Lerninhalte und den Darbietungsstil. Jedes Kind kann hier lernen. Den meisten Schulschwierigkeiten, Lernproblemen und Verhaltensstörungen, die das Lernen erschweren und in der Schule stören, kann auf diese Weise vorgebeugt werden. Das ist weitaus besser, als dann versuchen zu müssen, sie zu beheben.

Die offene Klassenführung ermöglicht eine individuelle Anpassung des Unterrichts an die Fähigkeiten, Bedürfnisse und bevorzugten Lernweisen jedes einzelnen Kindes. Dieser Weg ermöglicht es allen Kindern, erfolgreich zu lernen und vielseitig zu werden.

Bei der Freiarbeit kann der Lehrer differenziert unterrichten und sich auch einmal Zeit für ein einzelnes Kind nehmen, mit ihm arbeiten oder es auch nur beobachten, während die anderen Kinder selbstgewählten oder vorgegebenen Beschäftigungen nachgehen. Dies hängt vom Entwicklungsstand der Kinder ab. Wenn sie sich schon gut steuern können, dann dürfen sie sich eigene Aufgaben suchen, wobei der Lehrer eingreift, wenn ein Kind überwiegend einseitige Beschäftigungen sucht. Kinder, die noch nicht so weit entwickelt sind, bekommen klarere Vorgaben.

Eine offene Klassenführung mit Freiarbeit gibt dem Lehrer die Möglichkeit, die Kinder da abzuholen, wo sie gerade in ihrer Entwicklung stehen. Die Kinder bestimmen ihr eigenes Arbeitstempo, langweiliger Leerlauf und umgekehrt Überforderung kommen nicht mehr vor. Damit gibt es auch keine Kinder mehr, die bei einer Aufgabe für alle deutlich versagen und dadurch frustriert sind. Sie üben sich an leichteren Aufgaben, bis der nächste Schritt von allein kommt. In dem Maß, wie Mißerfolg und Enttäuschung zurückgehen, nimmt auch aggressives Verhalten ab. Auch gehen nervöses Herumzappeln und störende Unruhe zurück, da der natürliche kindliche Bewegungsdrang umgeleitet wird in sinnvolle Bewegungen. Die Kinder legen Arbeitsmaterial weg und holen neues und bewegen sich zu diesem Zweck leise im Klassenzimmer zwischen ihrem Sitzplatz und dem Regal oder Schrank mit dem Arbeitsmaterial. Geringe Bewegungsgeräusche verursachen sie natürlich, und sie werden sich mit ihren Kameraden auch absprechen, wenn sie gerade gleichzeitig das gleiche Arbeitsmaterial nehmen wollen. Doch sollte das nicht als störend empfunden werden.

Das Arbeitsmaterial muß so sein, daß es die Kinder reizt, damit zu arbeiten. Besonders gern nehmen sie es an, wenn ihre Eltern es gebastelt haben. Sie gehen dann damit besonders vorsichtig um. Besonders beliebt sind Beschäftigungen, bei denen mehrere Sinne gleichzeitig angesprochen werden. Eine größere Auswahl an Vorschlägen für ganzheitliches Lernen habe ich bereits in dem Kapitel über die Unterstützung durch die Eltern zu Hause unterbreitet. Alle diese Ideen eignen sich ebenfalls für den Unterricht in der Schulklasse. Zusätzlich sind für die Schule Beschäftigungen interessant, die als Partnerarbeiten ausgeführt werden können.

Viel Anklang finden beispielsweise die Reiterkärtchen. Das sind kleine Kärtchen, die in der Mitte geknickt sind. Vorne steht eine Rechnung und hinten die Lösung. Die Kärtchen sind so klein, daß ungefähr zehn von ihnen in ein Filmdöschen passen. Die Kärtchen kommen in die Mitte, die Kinder kommen abwechselnd mit dem Rechnen dran. Wer die richtige Lösung hat, darf das Kärtchen zu sich legen.

Lehrer können und sollen den Kindern viel Vertrauen entgegenbringen. Sie werden ihn nicht enttäuschen, wenn sie sich angenommen und nicht überfordert fühlen. In ihnen steckt viel mehr, als man meistens denkt. Der Lehrer kann sie ruhig auch oft einfache Aufgaben ausführen lassen, ohne immer zu kontrollieren.

Eine hübsche Idee ist auch das Wäscheklammern-Rechnen. Auf einem Rechenblatt stehen in zwei Spalten nebeneinander einige Rechenaufgaben untereinander. Das Ergebnis soll errechnet, aber nicht wie üblich aufgeschrieben werden. Über den Aufgaben sind vier unterschiedliche Lösungsmöglichkeiten gegeben, die jeweils durch unterschiedliche Farben gekennzeichnet sind. Passend zu diesen Farben liegen in einem Döschen kleine Wäscheklammern neben den Rechenblättern. Das Kind nimmt beides an seinen Platz mit. Es rechnet eine Aufgabe aus, ordnet die richtige Farbe zu und zwickt die farblich passende Wäscheklammer als Ergebnis daneben. Auf der Rückseite befinden sich farbige Punkte, die das Kind nach Ende des Rechenvorgangs als Kontrolle hat. Es braucht nur sein Blatt umzudrehen. Die Erfahrung zeigt, daß nur selten einmal ein Kind sich selbst betrügt. Kinder wollen lernen, man muß sie nur darauf aufmerksam machen, daß sie selbst den Schaden tragen, wenn sie sich betrügen.

Da Lernen Bewegung ist, lassen sich alle Lerninhalte durch Bewegung besonders gut vermitteln. So kann Rechnen auf dem Schulhof unterrichtet werden und aussehen wie Turnen. Auf den Boden werden einige Teppichplatten gelegt und mit Zahlen versehen. Die Kinder gewinnen erst einmal Sicherheit mit der Reihenfolge der Zahlen und können Additions- und Subtraktionsaufgaben lösen. Diese Spielidee habe ich bereits in einem anderen Kapitel beschrieben. Die Lösung der gleichen Rechenaufgabe kann unterschiedlichen Schwierigkeitsgraden angepaßt werden durch entsprechend schwierigere Bewegungen. Da die Körpergeschicklichkeit für erfolgreiches Lernen entscheidend ist, lernt auch ein guter Schüler dazu, wenn er beim Rechnen einer für ihn eigentlich leichten Aufgabe neue Kunststückchen vollführt.

Der interessierte Lehrer kann praktische Unterrichtsvorschläge in dem bereits erwähnten Buch „Lernprobleme in der Schule" von M. Frostig und M. Phyllis finden, das zudem viel Hintergrundwissen vermittelt.

Er erkennt den Nutzen von kinesiologischen Übungen

Kinesiologische Übungen unterstützen das Lernen, wenn sie regelmäßig, dafür aber nur wenige Mal ausgeführt werden. Besonders wichtig für den Lehrer sind die Überkreuzbewegungen und die Energieübungen, die ich bereits beschrieben habe. Er kann sie zum festen Bestandteil des Schulalltages erheben. Sicher kostet das ein paar Minuten Zeit, die kommen aber bald wieder herein, weil das Lernen effektiver wird.

Ich weiß von Lehrern, die während der Pause oder im Sport die Kinder auffordern, einfach fröhlich herumzuhüpfen. Dabei achten sie darauf, welche Kinder mit diesen Überkreuzbewegungen Schwierigkeiten haben und machen anschließend mit ihnen gezielt kinesiologische Mittellinienübungen. Auf diese Weise haben sie binnen weniger Wochen bewerkenswerte Fortschritte beim Lernen erzielt.

Lehrer, die kinesiologische Seminare besucht haben, können die Kinesiologie vielseitiger und noch effektiver einsetzen. Da sie dann den Muskeltest gelernt haben, können sie kleine kinesiologische Arbeiten mit der ganzen Klasse durchführen. Dabei nehmen sich alle Kinder an der Hand oder fassen sich auf die Schulter, und der Lehrer testet ein Kind als Surrogat für die Klasse. Dann werden die ausgetesteten Korrekturen durchgeführt. Auf diese Weise kann der Lehrer Streß abbauen, Lernblockaden zurücknehmen, die Lernbereitschaft erhöhen, das Gefühlsklima verbessern und anderes mehr.

Er entscheidet sich für die tägliche Bewegungszeit

Bewegungserziehung ist für die gesamte Entwicklung aller Kinder wichtig. Das gilt in besonderem Maß für die Mehrzahl der Kinder, die in städtischer Umgebung aufwachsen. Im traditionellen Klassenzimmer müssen sie stundenlang stillsitzen und selbst in der Turnstunde müssen sie die meiste Zeit ruhig dastehen und warten, bis sie an der Reihe sind. Hätten sie nach Schulschluß ausreichend Bewegung, dann wäre das alles nicht so schlimm.

Kinder mit Lernstörungen haben charakteristische Mängel in der Bewegungsgeschicklichkeit. Sie betreffen insbesondere die Behendigkeit, die Geschwindigkeit, das Gleichgewicht sowie Aufgaben, die ein Überkreuzen der Körpermittellinie verlangen.

Bewegungserziehung ist äußerst wichtig, weil sie wie kein anderer Aspekt des Lehrplans das Kind dazu befähigt, sich seiner selbst bewußt zu werden als eines Menschen, der in der Lage ist, sich geschwind und geschickt zu bewegen und seinen Körper zu beherrschen, den Raum zu erobern und fröhlich mit anderen umzugehen. So verbessert Bewegungserziehung das Selbstbild eines Kindes und verhilft ihm über das Körperbewußtsein zu Körperkontrolle und damit zu Konzentration und Selbststeuerung.

Die Einsicht in die Notwendigkeit der Bewegungspause ist selbst auf der Ebene des Kultusministeriums vorhanden und beispielsweise in Bayern sogar Vorschrift und fester Bestandteil des Lehrplans. Dennoch ist mir keine Schule bekannt, deren Rektor die Bewegungspause so am Herzen liegt, daß er dafür sorgt, daß sie auch tatsächlich durchgeführt wird. Es ist zu wünschen, daß Schulräte bei ihren Besuchen in den einzelnen Schulen immer wieder nach der Bewegungspause fragen und auf ihren pädagogischen Wert hinweisen. Da die Bewegungspause nicht durchgeführt wird, haben Lehrer oftmals keine rechte Vorstellung davon, wie sie diese Pause in ihrem Alltag unterbringen und wie sie sie gestalten können.

Die Unterrichtsmaterialie „Die tägliche Bewegungszeit" von A.-D. Stübing und B. Lutz macht Vorschläge zur Organisation und Gestaltung einer täglichen Bewegungszeit. Die Autorinnen wenden sich mit ihren Ausführungen und Ratschlägen bewußt an

Klassenlehrer und nicht an Sportlehrer, da sie die Bewegungserziehung im ganzheitlichen Sinn als Teil des Erziehungsauftrags der Schule ansehen und nicht als Ersatz oder Ergänzung der Turnstunde.

Das Konzept der Bewegungserziehung ist im Grunde genommen sehr einfach. Die Schülerinnen und Schüler erhalten täglich, und zwar zusätzlich zu den Pausen, während der Unterrichtszeit Gelegenheit, sich drinnen oder draußen etwa 30 Minuten lang mit interessanten Spiel- und Sportgeräten zu bewegen. Zum Repertoire an möglichen Spielgeräten, die insbesondere im Freien Anwendung finden, gehören Springseile und Schwungseile, Bälle unterschiedlicher Größe, Reifen, Schläger für Rückschlagspiele, Stelzen, Kreisel, Pedalos als Einzel-, Doppel- und Reha-Pedalo, Rollbretter, Murmeln, Pedasan-Laufrolle, Rondolo-Radfangspiel, Sommer-Ski, Frisbee-Scheibe, Saturn-Ball und Rollschuhe und anderes mehr. Für die Beschäftigung an Regentagen gibt die Broschüre ebenfalls Anregungen. Und auch hinsichtlich der Finanzierung von Geräten werden mögliche Lösungen aufgezeigt.

Die Kinder dürfen selbst entscheiden, entsprechend der Freiarbeit im Klassenzimmer, welche Bewegungen sie ausführen und welches Gerät sie verwenden und wo sie geschickter werden möchten. Das gemeinsame Bewegen spornt ungemein an. Nach der Bewegungszeit lernen sie dann wieder leichter, weil sie durch das Experimentieren mit der eigenen Geschicklichkeit neue Energien aufbauen konnten.

Ein mehrjähriger Schulversuch hat erwiesen, daß die Kinder in den offenen Lernsituationen der täglichen Bewegungszeit lernen, selbständig zu handeln. Obwohl die Unterrichtszeit täglich zugunsten der Bewegungszeit um 20 bis 30 Minuten gekürzt wurde, haben die Versuchsgruppen den normierten Schulleistungstests zufolge keine schlechteren, allerdings auch keine besseren Leistungen erbracht als die Kontrollgruppe.

Lehrer, die täglich 20 bis 30 Minuten für die Bewegungszeit aufwenden, haben den Kindern dabei soviel Überkreuzbewegungen, Körpererfahrungen und Streßabbau ermöglicht, daß sie eher als andere Lehrer auf kinesiologische Übungen verzichten können.

Für Kinder mit Lernproblemen sind sie dennoch empfehlenswert und von großem Nutzen.

Wenn ein Lehrer nur fünf bis zehn Minuten für eine Unterbrechung des Unterrichts aufwenden möchte, so habe ich einen anderen Vorschlag. Ich möchte diese Form der Pause Aktivpause nennen. Eine Aktivpause ist immer dann angezeigt, wenn Unruhe einkehrt oder die Aufmerksamkeit nachläßt. Der Lehrer braucht nicht erst ein Kapitel abzuschließen, um eine Aktivpause einschieben zu können. Er bietet sie den Kindern an, wenn er den Eindruck hat, daß sie wieder einmal fällig ist oder die Kinder ihn darum bitten, oder wenn er schon längere Zeit keine mehr gemacht hat.

Die Aktivpause folgt einem festgelegten Ritual und hat einen klaren Anfang sowie ein klares Ende. Dies wird beispielsweise durch den Klang einer Triangel oder das Drehen eines Mini-Leierkastens angezeigt. Dadurch erhalten die Kinder Gelegenheit, sich innerlich auf die Pause einzustellen. Zugleich gibt dieser Klang am Anfang und Ende der Pause Struktur. Ein In-die-Hände-Klatschen ist als Signal nicht geeignet, da es die Atmosphäre stört.

Am Anfang jeder Aktivpause sollten die Kinder Mineralwasser trinken können, da Wasser den Energiefluß verbessert und somit für eine gute Gehirnleistung und erfolgreiches Lernen wesentlich ist. Falls sich das Trinken in dieser Form nicht bewährt, sollte den Kindern immer Mineralwasser zur Verfügung stehen, das sie sich in einen eigenen Becher eingießen und trinken können. Sie spüren schon, wann sie Wasser brauchen. Dann entfällt das Wassertrinken bei der Aktivpause.

Im Schrank befindet sich unterschiedliches Material zum Anregen der verschiedenen Körpersinne, beispielsweise Jongliertücher, Reissäckchen, Federn und Japan-Papierbälle. Zu Beginn der Aktivpause stehen die Kinder auf und holen das verabredete Material aus dem Schrank. Das gleiche Material wird jeweils für mindestens drei Wochen verwendet. So befassen sich die Kinder intensiver und phantasievoller mit ihm.

Durch die Erfahrungen, die sie mit ihm machen, verbessert sich ihre Eigenwahrnehmung und mit ihr die Selbststeuerung und die Aufmerksamkeit. Es gibt nur eine Spielregel: es darf niemand gestört und nichts beschädigt werden. Dann räumen sie das Material wieder weg.

Jede Aktivpause endet mit einer Überkreuzübung oder einer anderen kinesiologischen Übung, die auch jeweils mindestens drei Wochen durchgeführt wird. Der Wechsel der beiden Teile der Aktivpause kann versetzt erfolgen.

Der Umgang mit der Bewegungspause und der Aktivpause in den Klassen hängt in hohem Maß davon ab, ob die Lehrer bereit und in der Lage sind, sich innerlich auf sie einzulassen und sich selbst zu spüren. Denn nur dann können sie die natürlichen Bedürfnisse der Kinder erspüren und mit ihnen umgehen. Ich bin überzeugt, daß jeder Lehrer das lernen kann, auch wenn er vielleicht eine Zeitlang dazu braucht.

Festhalten, ist das etwas für Lehrer?

In den Klassen gibt es immer mehr Kinder, die ungehalten reagieren und nicht wissen, wo es lang geht, die weder vor noch zurück können und auch nicht wissen, wer eigentlich hinter ihnen steht. Ich habe bewußt diese Worte gewählt, um auf die oftmals verzweifelte Gefühlslage von Kindern hinzuweisen, die mit ihren Problemen verloren dastehen und daher mit Trauer, Rückzug, Klassenkasperei oder Zorn und Aggression reagieren.

Für sie ist es ein Segen, wenn einer kommt, der sie liebhat und in den Arm nimmt und sie spüren läßt, wer hinter ihnen steht, wo sie selber stehen und wo also rechts und links, vorne und hinten ist. So wird aus dem ungehaltenen Kind ein gehaltenes Kind, das sich wieder als geliebten Menschen wahrnimmt und sich durch das wiedergewonnene Selbst-Bewußtsein steuern und damit auch lernen kann. Warum sollte nicht der Lehrer ihm diesen Halt vermitteln? Auch bedeutende Pädagogen wie Pestalozzi haben ungehaltene Kinder festgehalten. Das Festhalten ist eine zutiefst natürliche, instinktive Handlungsweise. Nur wir haben mit unserer Scheu vor Körperkontakt und der sicher berechtigten Angst, Gewalt anzuwenden, Probleme mit dem Festhalten. Doch kommt es aus der Liebe und hilft dem Kind, das Gleichgewicht der Kräfte, die es nach außen und nach innen tragen, wieder zu finden. Außerdem reinigen Lehrer und Schüler durch das Festhalten ihre Beziehung, so daß beide ohne aufgestaute Gefühle miteinander umgehen können. Das hat wiederum eine positive Auswirkung auf das Familienleben des Kindes, da es den Ärger nicht nach Hause bringt und dort auslebt.

Voraussetzung für das Festhalten ist die tiefe innere Zuneigung und das Wohlwollen des Lehrers zu dem Kind, das er mag und achtet, auch wenn ihm sein Verhalten unerträglich ist. Wenn diese von Grund auf postive Beziehung nicht gegeben ist, dann allerdings darf der Lehrer das Kind nicht festhalten.

Lehrer, die sich überlegen, ob auch sie ihre Schüler festhalten können, verweise ich auf die bereits erwähnten Bücher von Jirina Prekop und Martha Welch und auf die Adresse der im Anhang aufgeführten Festhaltegesellschaft. Dort können sie Informationen über Seminare und andere Veranstaltungen zu diesem Thema erhalten.

Von verschiedenen Seiten wurde ich gewarnt, in diesem Buch wieder auf das Festhalten einzugehen, ohne zu ahnen, welcher Leser die Information aufnimmt und wie er mit ihr umgeht. Ich selber habe in der Familie so ungemein positive Erfahrungen mit dem Festhalten gesammelt, daß es mir ein Anliegen ist, auch Lehrer auf diese Möglichkeit zu verweisen. Wenn der Leser neben der Information des Festhaltens auch die Information erhält, wo und wie er dazu mehr erfahren kann, dann halte ich meine Empfehlung durchaus für wertvoll und hilfreich. Ich denke, niemand sollte sich gegen das Festhalten entscheiden, der sich darüber noch kein eigenes Urteil durch eingehende Lektüre, eigenes Erleben bei Freunden oder die Teilnahme an einem Seminar gebildet hat.

So können Eltern Lehrern entgegenkommen

Wenn Sie als Eltern mit den Lernproblemen Ihres Kindes kämpfen, dann hat auch der Lehrer Ihres Kindes Probleme, und zwar mit Ihrem Kind. Versetzen Sie sich einmal in seine Lage und fragen Sie ihn, wie es ihm eigentlich mit Ihrem Kind geht! Sprechen Sie aber nicht nur die Schwierigkeiten an, sondern fragen Sie auch, was dem Lehrer an ihm besonders gefällt.

Da Sie jetzt einige Ideen haben, wie Sie den Lernproblemen Ihres Kindes begegnen können, setzen Sie sie für sich zu Hause um, soweit dies Ihnen möglich ist. Natürlich haben Sie auch Vorstellungen in Bezug auf Dinge, die der Lehrer ändern könnte. In solchen Augenblicken muß ich mich immer zurücknehmen, um den Lehrer in meiner Spontaneität nicht zu überfordern. Vielleicht geht es Ihnen auch so.

Ich wünsche Ihnen, daß Sie einen Weg finden, ihm Ihre Anregungen so vorzutragen, daß sie bei ihm nicht als Forderung ankommen und ihn womöglich überfordern. Es ist für den Lehrer leichter, wenn er spürt, daß Sie keine einseitigen Erwartungen an ihn haben, sondern auch Ihrerseits bereit sind, ihm entgegenzukommen.

Fragen Sie ihn, ob er irgendwo Hilfe durch die Eltern brauchen könnte. Vielleicht macht ein Kind ihm besonders Sorgen und er würde froh sein, wenn andere Eltern beispielsweise seine Hausaufgaben mitbetreuen würden, da seine eigenen Eltern dazu nicht in der Lage sind, beispielsweise wegen mangelnder Sprachkenntnisse.

Oder bieten Sie ihm an, Unterrichtsmaterial zu besorgen oder nach seinen Vorgaben herzustellen. Vielleicht tun Sie sich dazu mit anderen Eltern zusammen. Das macht übrigens Spaß und ermöglicht einen konstruktiven Elternabend. Bei dieser Gelegenheit lernen Sie auch andere Eltern mit ähnlichen oder anderen Problemen kennen. Sie können sich gegenseitig raten und helfen.

Ein offenes Vertrauensverhältnis zwischen Eltern und Lehrer ist gerade bei Kindern mit Lernproblemen von elementarer Bedeutung. Sonst geraten Eltern leicht in eine Zwickmühle. Dann kann es passieren, daß ihr Kind, das vielleicht ohnehin mit den Hausaufgaben an seine Belastbarkeitsgrenze stößt, nur noch seine Ruhe haben oder mit anderen Kindern spielen möchte. Sie kommen dann gar nicht mehr dazu, Anregungen für ganzheitliches Lernen aufzugreifen. Sie sehen jedoch, daß die Lernmethode, die Bewegung und den gleichzeitigen Einsatz möglichst mehrerer Sinneskanäle einschließt, ihrem Kind das Lernen erleichtern würde. Auf der einen Seite möchten sie das Beste für Ihr Kind, auf der anderen Seite wollen sie dem Lehrer nicht dreinreden.

Um eine solche Situation zu vermeiden, wenden Sie sich an den Lehrer Ihres Kindes und sprechen mit ihm über dieses Problem. Als Eltern sind Sie kompetent für Ihr Kind; bringen Sie daher in die Erziehungsarbeit des Lehrers Ihre Beobachtungen und Ihre Erfahrungen mit Ihrem Kind ein. Machen Sie auch Vorschläge und äußern Sie Ihre Bedenken gegenüber der einen oder anderen Vorgehensweise des Lehrers. Denken Sie einfach daran, daß auch der Lehrer das Beste für Ihr Kind will. Jedoch ist auch er genauso wie Sie nur ein Mensch, der gelegentlich irrt und Wissenslücken hat. Es ist wichtig, daß Sie gemeinsam einen Weg finden, dem Kind zu helfen, seine Schwierigkeiten zu meistern. Der Lehrer wird sich sicherlich darüber freuen, wenn Sie versuchen mitzuhelfen und nicht davon ausgehen, daß er als der Lehrer allein dafür verantwortlich ist, daß Ihr Kind das Lesen und Schreiben bei ihm erlernt. Der Lehrer ist für Ihr Kind eine Autorität, für Sie sollte er aber nicht Autorität, sondern ein wichtiger Partner in der Erziehung sein.

Stellen Sie ihm Ihre Ideen vor und hören Sie sich seine Meinung an. Vielleicht ist er offen für sie. Dann könnte es sein, daß er für Ihre besonderen Problemsituationen eine andere Lösung findet. Er könnte beispielsweise dazu übergehen, als Hausaufgabe die falsch geschriebenen Wörter statt zehn Mal nur noch vier Mal wie üblich ins Heft schreiben zu lassen und statt der erlassenen sechs anderen Male das Kind bitten, das jeweilige Wort einmal über mehrere Zeilen hinweg in großen Buchstaben vorzuschreiben und anschließend mit Merkklebern zu bekleben. So ergänzen sich die unterschiedlichen Methoden.

Es kann natürlich auch sein, daß sich der Lehrer Ihren Vorschlägen gegenüber nicht so aufgeschlossen zeigt, wie Sie es erhoffen. Dann schenken Sie ihm doch einfach etwas, von dem Sie sich wünschen, daß er es einmal im Unterricht verwendet. Was macht er wohl, wenn Sie oder Ihr Kind ein Rechenbrettchen oder anderes Material mitbringen, das Sie für Ihr Kind hergestellt haben und ein zweites gleich für ihn mit? Er wird es kaum in den Abfalleimer werfen oder es wegsperren. Vermutlich werden die anderen Kinder es auch einmal in die Hand nehmen und damit rechnen wollen. Ihr Kind kann ihnen zeigen, wie sie damit umgehen können. Der Lehrer wird vermutlich staunen und es dann erlauben. So können Sie den Lehrer neugierig machen. Bei Gelegenheit fragen Sie ihn doch, wie das Rechenbrettchen bei ihm und den Kindern angekommen ist. Und wenn er sich öffnet, dann zeigen Sie ihm Ihre Freude!

Wie geht es einem Kind, wenn es in dieser Weise lernen darf?

Es hat Freude am Lernen und hat Erfolgserlebnisse. Es erkennt seine Fähigkeiten und Fortschritte und kann sie gewinnbringend in die Gemeinschaft einbringen. Somit erkennt es sich als ein wertvolles Glied dieser Gemeinschaft. Es blüht auf in der Sicherheit, in Liebe geführt und angenommen zu sein und so lernen zu dürfen, wie es für seine Begabungen und Fähigkeiten am besten ist. Es ist aufgeschlossen, neugierig, kooperativ und bereit zu lernen. Bei dieser Art zu lernen kann jedes Kind Erfolge verzeichnen, durch die es Selbstvertrauen und Selbstbewußtsein entwickeln kann, die ihm Sicherheit im sozialen Umfeld vermitteln und seine Bereitschaft wecken, Eigenverantwortung zu übernehmen.

Dann kann das Kind voll Zuversicht in die Zukunft schauen. Es wird sein Leben tatkräftig und voller Lebensfreude in die Hand nehmen. Was aber wird aus einem Kind, wenn niemand seine Lernschwierigkeiten erkennt und ihm hilft, das Lernen zu erlernen?

Auf diese Frage läßt sich keine allgemeingültige Antwort finden, da sie abhängig davon ist, wie groß die Lernprobleme waren und wann die Hilfe einsetzte. Mit Sicherheit wird das Kind nicht so selbstbewußt, fröhlich, aufgeschlossen, vielseitig und innerlich im Lot sein wie das oben geschilderte. Es wird auch immer leichter aus der Fassung zu bringen und in seinem Gefühlsleben labiler sein als ein Mensch mit einem gut funktionierenden Wahrnehmungssystem, denn letzteres wirkt sich positiv aus auf seine spätere Berufstätigkeit, auf sein Familienleben und auf seine gesamte Lebenstüchtigkeit.

Lernstörungen könnten viel seltener sein

Die Früherkennung läßt sich verbessern

Selbst wenn die Vorsorgeuntersuchungen regelmäßig durchgeführt werden, fallen viele Kinder mit Schwächen oder Störungen in der Wahrnehmung nicht oder erst spät auf. Die Vorsorgeuntersuchung U8 mit vier Jahren bringt einige Teilleistungsstörungen ans Tageslicht und die darauf folgende U9 mit fünf Jahren dann noch mehr. Doch ist sie leider nur als Siebtest angelegt und nicht als eine sehr tiefgehende Untersuchung. Außerdem kommt sie spät. Dennoch ist sie ein Segen, weil doch wenigstens ein Teil der Kinder mit Teilleistungsstörungen noch vor ihrer Einschulung entdeckt werden kann. Kinderärzte beklagen, daß diese Untersuchung von vielen Eltern nicht wahrgenommen wird.

Im Rahmen der Aufdeckung von Teilleistungsstörungen sollte der Beurteilung der Erzieherinnen im Kindergarten viel mehr Bedeutung beigemessen werden. Darum ist es sehr wichtig, daß bei einem auffälligen Kind der Kinderarzt und die Erzieherin sich zumindest telefonisch über dieses Kind austauschen, was natürlich das Einverständnis der Eltern voraussetzt. Wenn dies dennoch nicht geschieht, dann sollten die Eltern darauf drängen und nicht so schnell lockerlassen.

Dann kann es vom Schulbesuch zurückgestellt und ein Jahr später eingeschult werden. Es hat die Möglichkeit, ein Jahr lang die Vorschule zu besuchen, wo es weit größere Fortschritte machen kann als dies im Kindergarten noch möglich wäre.

Bei stärker ausgeprägten Wahrnehmungsstörungen gibt es eine weitere Möglichkeit. Die Kinder können für eine Diagnose-Förderklasse angemeldet werden. Hier wird der Stoff der ersten beiden Schuljahre auf drei Jahre gestreckt. Durch gezielte ganzheitliche Förderung können erhebliche Defizite abgebaut werden, vorausgesetzt der Lehrer verfügt über entsprechende Kenntnisse und die Klasse umfaßt wie ursprünglich geplant fünf bis sechs Kinder und wird nicht wegen Sparmaßnahmen auf bis zu 12 Kinder aufgestockt.

Sicherlich gehört die Aufdeckung von Lernproblemen als mögliche Ursache nachfolgender Verhaltensstörungen, wie auch die Erkennung und Behandlung der Präsymptome im Kindergarten und Vorschulalter zu den Aufgaben des Kinderarztes. Er wird sich auf die Untersuchungsergebnisse und insbesondere auch den Allgemeineindruck, den er von einem Kind hat, beziehen und dabei viele Auffälligkeiten erkennen können, aber auch nicht alle.

Damit ein Arzt Störungen in der Wahrnehmungsverarbeitung aufdecken kann, muß er sich erst in dieser Richtung fortgebildet haben. In der Ausbildung wird den Wahrnehmungsstörungen nämlich nur ein vergleichsweise geringes Augenmerk geschenkt und ihre Bedeutung für die kindliche Entwicklung daher oft verkannt. Entsprechende Kenntnisse trägt er im Lauf der Berufsjahre zusammen, wobei der Kontakt mit den Ergotherapeuten und Motopäden, an die er seine Kinder überweist, für ihn besonders informativ sein kann.

So kommt es, daß Kinderärzte bei der Beurteilung von Kindern oftmals gar nicht an Wahrnehmungsstörungen denken, zumal sie die Kinder meist nicht im Alltag erleben, sondern nur dann sehen, wenn sie krank sind. Damit kann es ihnen passieren, daß sie erste Anzeichen von möglichen Lernstörungen übersehen.

Außerdem sind sie sich oft nicht sicher, ob ihre Beobachtungen Anlaß zu Beunruhigung oder nur vorübergehender Natur sind. Sie scheuen sich davor, Eltern vielleicht umsonst zu beunruhigen und machen nur einen Vermerk in die Karteikarte, um ihre Beobachtung nicht zu vergessen. Doch was ist, wenn die Eltern den Arzt wechseln oder wegziehen?

Ich denke, der Kinderarzt sollte den Eltern seine Beobachtungen als sachliche Information mitteilen, beispielsweise, daß das Kind nicht gekrabbelt ist, sondern gleich begonnen hat zu laufen. Er sollte ihnen dazu sagen, welche Bedeutung das Krabbeln für seine Entwicklung hat und ihnen vorschlagen, doch mit dem

Kind durch die Wohnung zu krabbeln oder ihm im Liegen die Arme und Beine überkreuz zusammen- und dann wieder auseinanderzubewegen und ein Spiel daraus zu machen. Dadurch beunruhigt der Kinderarzt zwar die Eltern ein wenig, aber er zeigt gleichzeitig einen konstruktiven Weg auf. Was hilft es, zuviel Rücksicht auf die möglichen Reaktionen der Eltern zu nehmen, wenn dafür Möglichkeiten des Ausgleiches vertan werden? In diesem Alter dauert eine Therapie nur wenige Monate. Beim älteren Kind fängt die Therapie wieder an der Funktion an, die in der Entwicklung übersprungen wurde, weil sie eben Voraussetzung für weitere, darauf aufbauende Entwicklungsstufen ist. Doch dauert sie dann viel länger und der Einstieg ist mühevoller, da erst herauszufinden ist, wo die Lücke in der Entwicklung war. Auch ist es schwieriger, das größere Kind zur Mitarbeit zu motivieren.

Therapeuten, die viel mit wahrnehmungsgestörten Kindern arbeiten, wünschen sich, daß die Kinder bei den ersten Anzeichen einer möglichen Störung, wenn das Sitzen beispielsweise nicht so recht klappt, zu ihnen zur Abklärung geschickt werden. Ergotherapeuten und Motopäden, die mit Kindern arbeiten, schauen ein Kind anders an als viele Kinderärzte und haben oft gerade bei der motorischen Entwicklung der ersten Lebensjahre einen geschulteren Blick für sich abzeichnende Störungen als Kinderärzte.

Es ist für den Kinderarzt hilfreich, wenn die Eltern ihm Informationen aus dem Alltag mitbringen, die für die Diagnostik wichtig sein können. Die besten Beobachtungsmöglichkeiten haben die Eltern und der Kindergarten. Doch welche Eltern und Erzieherinnen wissen so genau, auf was alles sie schauen sollen?

Erfreulicherweise setzen sich Erzieherinnen zunehmend mit der Thematik Wahrnehmungsstörungen auseinander. Es wäre sehr wichtig, die Erzieherinnen in Seminaren dahingehend zu schulen, daß sie die drei- bis vierjährigen Kinder mit Wahrnehmungsstörungen erkennen und an den Kinderarzt weiterleiten können. Leider erhalten sie in der Ausbildung diesbezüglich noch immer kaum Informationen, die es ihnen erlauben, einen Gesamtzusammenhang herzustellen zwischen ihren einzelnen Beobachtungen. So fällt ihnen vielleicht auf, daß einem Kind immer das Unterhemd aus der Hose hängt. Doch wissen sie nicht, daß zwischen dieser Beobachtung und eventuellen weiteren Auffälligkeiten ein Zusammenhang besteht.

Ich würde mir wünschen, daß in das Vorsorgeuntersuchungsheft zu jeder Untersuchung ein Fragebogen mit eingeklammert wird, den die Eltern in den Tagen vor dem Untersuchungstermin in Ruhe zu Hause ausfüllen können. Dieser Fragebogen sollte von Ergotherapeuten, Motopäden und Kinderärzten gemeinsam erstellt werden, weil jeder einen anderen Blickwinkel hat. Das geht bei der Untersuchung auch schneller, als wenn der Arzt alle Fragen einzeln stellen würde. In diesem Fragebogen sollte auch der Eindruck des Kindergartens abgefragt werden. Vielleicht sind die Eltern im Interesse ihres Kindes ehrlich genug, diese Frage auch dann wahrheitsgemäß zu beantworten, wenn die Antwort ihnen unangenehm ist.

Für die Früherkennung ist ein guter Informationsaustausch zwischen Eltern, Kindergarten, Grundschullehrer, Kinderarzt und Therapeuten von entscheidender Bedeutung. Dieser setzt den gegenseitigen Respekt voreinander voraus. Das ist auch ein Punkt, an dem noch einiges im argen liegt. Eine besonders große Bedeutung kommt im Rahmen der Früherkennung den Erzieherinnen im Kindergarten zu, doch haben sie die größten Schwierigkeiten von allen, ernsthaft angehört zu werden. Sonst könnte es nicht wie in einer mir bekannten Stadt möglich sein, daß auffällige Kinder vom Kindergarten zu einem Arzt am Gesundheitsamt geschickt werden, der dann den Kontakt zu den Frühförderstellen hält. Die Kinderärzte hatten wiederholt Mütter weggeschickt und die Beobachtungen der eigens in Seminaren fortgebildeten Erzieherinnen in den Wind geschlagen. So hatte man sich auf diesen Weg geeinigt.

Kinder, die bei den Vorsorgeuntersuchungen nicht auffallen, aber später dennoch Lernstörungen entwickeln, sollten spätestens bei der Einschulungsuntersuchung erkannt werden. Doch so, wie diese Untersuchung meistens durchgeführt wird, ist dies normalerweise nicht möglich. Es kommt vor, daß bei Kindern nach zweistündiger Wartezeit um 13.30 Uhr und auch um 18.30 Uhr in einer 10-Minuten-Untersuchung über die Schulreife entschieden wird. Bei solchen Untersuchungen unterlaufen gravierende Entscheidungsfehler. Insbesondere Kinder, die bei der Einschulung gerade erst 6 bis 6 1/4 Jahre alt sind, müßten besonders sorgfältig auf Teilleistungsstörungen oder Entwicklungsrückstände untersucht werden. Sie haben es im Leistungswettbewerb als jüngste in der Klasse meistens sehr schwer.

In einigen Kieler Schulen wird die Einschulungsuntersuchung nach dem sogenannten Kieler Einschulungsmodell durchgeführt. Schulleiter, Schularzt, Vorschullehrerin, Schulkindergärtnerin und Sprachheillehrer bemühen sich drei Stunden um die Beurteilung von drei Gruppen zu sechs Kindern. Dabei werden alle Entwicklungsbereiche der Kinder, zum Teil in der Einzelsituation, zum Teil im Sechser-Team, untersucht und die Ergebnisse am Schluß mit den Eltern besprochen. Es erscheint durchaus vertretbar, zwei Unterrrichstage für eine Grundschule ausfallen zu lassen zugunsten einer qualitativen Leistungsdiagnostik der einzuschulenden Kinder.

Lernen kann allen Kindern Spaß machen

Kinder bringen eine natürliche Freude am Lernen mit. Sie möchten aber so lernen können, wie es ihrem Wesen entspricht, mit allen Sinnen und ihrem ganzen Herzen. Hier müssen die Eltern und Lehrer erst einmal umdenken und umlernen.

Eine mit übertriebenen Verboten gepflasterte Kindheit beschneidet Kindern ihren Lebensraum und versperrt ihnen Erfahrungen, aus denen sie lernen können. Bei aller scheinbaren Freizügigkeit sind die Kinder heutzutage oft sehr eingeengt. Ihr Lebensraum wird beschnitten durch Verbotsschilder wie „Ballspielen verboten" und „Betreten der Wiese verboten". Auch ihr fröhliches Spielen wird oft als lästiger Lärm empfunden. Und in der Schule müssen sie still sitzen bleiben und möglichst leise sein, und die Hausaufgaben sind wiederum im Sitzen mit Stift und Papier zu verrichten.

Sie können sich erst entfalten, wenn sie sich bewegen und ausprobieren dürfen. Denn das Erleben, das Sich-Bewegen schafft die Voraussetzungen für ein erfolgreiches Lernen. Dazu benötigen sie einen möglichst großen Freiraum, der von klaren Grenzen umgeben ist. So können alle Kinder mit Freude lernen.

Es sind viele Kleinigkeiten, mit denen Eltern und auch Lehrer Lernstörungen vorbeugen und bei bereits bestehenden Schwierigkeiten Hilfe zur Selbsthilfe leisten können. Sie sind wie Mosaiksteinchen, die sich zu einem großen Ganzen zusammenfügen. Jedes Steinchen ist es wert, aufgegriffen zu werden. Die Mühe lohnt sich!

Literatur

Affolter, Felicie, Wahrnehmung, Wirklichkeit und Sprache, Nekkar-Verlag, Villingen-Schwenningen, 5. Aufl. 1991

Andresen, Ute, So dumm sind sie nicht, Von der Würde des Kindes in der Schule, Beltz Verlag, Basel, 5. Aufl. 1992

Ayres, A. Jean, Bausteine der kindlichen Entwicklung, Springer Verlag, Berlin, Heidelberg, New York, Tokyo 1984

Ballinger, Erich, Lerngymnastik, HPT, Wien o.J.

Birkenbihl, Vera, Stroh im Kopf? Gebrauchsanleitung für's Gehirn, MVG, 15. Aufl. 1993

Brand, Ingelid, Breitenbach, Erwin, Meisel, Vera, Integrationsstörungen, Diagnose und Therapie im Erstunterricht, Verlag: Maria-Stern-Schule des Marienvereins mit Marienheime e.V., Würzburg 1988

Buchner, Christina, Neues Lesen. Neues Lernen, Verlag Bruno Marlik, Südergellersen/Bremen 1991

Cleveland, Bernard F., Das Lernen lehren. Erfolgreiche NLP-Unterrichtstechniken, Verlag für Angewandte Kinesiologie, Freiburg im Breisgau 1992

Defersdorf, Roswitha, Drück mich mal ganz fest. Geschichte und Therapie eines wahrnehmungsgestörten Kindes, Verlag Herder, Freiburg im Breisgau, 5. Aufl. 1991

van Delft, Pieter und Botermans, Jack, Denkspiele der Welt, Hugendubel, München 1977

Dennison, Paul E., Befreite Bahnen, Verlag für Angewandte Kinesiologie, Freiburg im Breisgau, 5. Aufl. 1990

Dennison, Paul E., Lehrerhandbuch Brain Gym, Verlag für Angewandte Kinesiologie, Freiburg im Breisgau, 2. Aufl. 1992

Diamond, John, Der Körper lügt nicht, Verlag für Angewandte Kinesiologie, Freiburg im Breisgau, 8. Aufl. 1992

Diamond, John, Die heilende Kraft der Emotionen, Verlag für Angewandte Kinesiologie, Freiburg im Breisgau 1987

Ehrlich P., Heimann K., Bewegungsspiele mit dem Pedalo, Ein Praxishandbuch für Spiel, Sport und Therapie, verlag modernes lernen, Dortmund 1986

Frostig, Marianne und Maslow, Phyllis, Lernprobleme in der Schule, Hippokrates Verlag, Stuttgart 1978 (vergriffen, Neuauflage geplant von der Internationalen Frostig-Gesellschaft)

Gaddes, William H., Lernstörungen und Hirnfunktion, Eine neuropsychologische Betrachtung, Springer Verlag New York 1991

Grinder, Michael, NLP für Lehrer. Ein praxisorientiertes Arbeitsbuch, Verlag für Angewandte Kinesiologie, Freiburg im Breisgau 1991

Havers, Norbert, Erziehungsschwierigkeiten in der Schule, Beltz Verlag, Basel 1978

Holler, Johannes, Das neue Gehirn, Ganzheitliche Gehirnforschung und Medizin, Modelle, Theorien, praktische Anwendung, Verlag Martin, 2. Aufl. 1991

Internationale Frostig-Gesellschaft e.V., Graphomotorische Störungen und Rechenschwäche (Jahrestagung 1988), Würzburg 1988

Jansen, Fritz, Streit, Uta, Eltern als Therapeuten, Ein Leitfaden zum Umgang mit Schulproblemen und Lernproblemen, Springer Verlag, Berlin 1992

Kittel, Gerhard, Phonatrie und Pädaudiologie, Deutscher Ärzteverlag, Köln 1989

Kretschmann, Marlis, Diktate, Ehrenwirth-Verlag, München 1991

Kretschmann, Marlis, So lernst du lesen und schreiben, Hilfen für Legastheniker, Deutsch-Training, Ehrenwirth-Verlag, München 1984

Meister-Vitale, Barbara, Lernen kann phantastisch sein, Kinderleichtes Lernen durch optimalen Einsatz beider Gehirnhälften, Synchron Verlag, Berlin 1988

Mertens, Krista, Körperwahrnehmung und Körpergeschick, aus der Reihe Psychomotorische Entwicklungsförderung, Band 4, verlag modernes lernen, Dortmund, 2. Aufl. 1991

Mertens/Wasmund-Bodenstedt, 10 Minuten Bewegung, verlag modernes lernen, Dortmund 1987

Milz, Ingeborg, Sprechen, Lesen, Schreiben, Teilleistungsstörungen im Bereich der gesprochenen und geschriebenen Sprache, Verlag HVA, Edition Schindele 1991

Miske-Flemming, Dorothee, Theorie und Methode zur Behandlung von perzeptionsgestörten Kindern, Neue Reihe Ergotherapie, Band 4, Schulz-Kirchner Verlag, Idstein, 1991, 6. Aufl.

Pauli, Sabine, Kisch, Andrea, Was ist los mit meinem Kind? Bewegungsauffälligkeiten bei Kindern, Ravensburger Verlag, Ravensburg 1992

Prekop, Jirina, Hättest du mich festgehalten...Grundlagen und Anwendung der Festhalte-Therapie, Kösel Verlag, München, 2. Aufl. 1989

Prekop, Jirina, Schweizer, Christel, Unruhige Kinder. Ein Ratgeber für beunruhigte Eltern, Kösel Verlag, München 1993

Radigk, Werner, Kognitive Entwicklung und zerebrale Dysfunktion, Verlag modernes lernen, Dortmund, 3. Aufl. 1991

Stein, Arndt, Das Rechtschreibspiel, Fehler verstehen und beseitigen, Kösel Verlag, München, 1981

Stübing, Anne-Dorothea und Lutz, Barbara, Die Tägliche Bewegungszeit, aus der Reihe Materialien zum Unterricht, Primarstufe, Heft 26, Sport 6, Hessisches Institut für Bildungsplanung und Schulentwicklung (HIBS), Wiesbaden 1992

la Tourelle, Maggie, Was ist Angewandte Kinesiologie?, Verlag für Angewandte Kinesiologie, Freiburg 1993

Wasmund-Bodenstedt, U., Die Tägliche Bewegungszeit in der Grundschule, Schorndorf 1984

Welch, Martha G., Die haltende Umarmung, Reinhardt Verlag, München, Basel 1991

Nützliche Adressen

Aktionskreis Psychomotorik
Kleiner Schratweg 32, 32657 Lemgo 1, T. 05261/72321

Brand, Ingelid (Sonderpädagogin, veranstaltet Seminare für Eltern,
Erzieher, Lehrer, Therapeuten, Ärzte, Psychologen zum Themen-
bereich ganzheitliche Förderung)
Hans-Sachs-Str. 39, 97204 Höchberg

Bundesarbeitsgemeinschaft Teilleistungsstörungen
Postfach 450246, 50877 Köln, T. 0221/4995998

Bundesverband Legasthenie e.V.
Gneisenaustr. 2, 30175 Hannover, T. 0511/853465

Deutscher Berufsverband der Motopäden/Mototherapeuten e.V.
Tannenkamp 5, 49143 Bissendorf, T. 05402/4819

Edacta, Lehr- und Lernmittel
Käswasserstr. 45, 90562 Kalchreuth, T. 0911/5665671

Anne Engert (Diplom Reitpädagogin, erteilt Kurzinformationen)
Maistraße 11a, 90762 Fürth

Gesellschaft zur Förderung des Festhaltens als Lebensform und
Therapie e.V.
Annastr. 9, 70327 Stuttgart, Tel. 0711/333753

Holz Hoerz (pädagogische Holzspielwaren, Therapiemittel und
-geräte)
Lichtensteinstr. 50, 72525 Münsingen/Württ., T. 07381/1569

Institut für Angewandte Kinesiologie Freiburg
Zasiusstr. 67, 79102 Freiburg, T. 0761/72729

Institut für Ganzheitliches Lernen – auf der Basis der Montessori-Pädagogik
Sanktjohannserstr. 66, 83707 Bad Wiessee,
T. 08022/83483–83776

Internationale Frostig Gesellschaft
Bernerstr. 10, 97084 Würzburg, T. 0931/661355

Kindernetzwerk e.V. (bietet weiterführende Adressen und Informationen bei unterschiedlichsten Erkrankungen/Behinderungen)
Hanauerstr. 15, 63739 Aschaffenburg, T. 06021/12030

Marlis Kretschmann
Kurheim für teilleistungsgestörte Kinder
Reindlweg 6, 82418 Seehausen

Kuratorium für Therapeutisches Reiten e.V.
Freiherr-von-Langen-Str. 13, 48231 Warendorf,
T. 02581/6362194

Schweizerische Vereinigung für Heilpädagogisches Reiten und Voltigieren
Postfach 124, CH-8320 Fehraltdorf

Spielen und lernen
(Lehr- und Lernmittel für Gesunde und Behinderte jeder Altersstufe; persönliche Beratung, kein Katalog)
Tucherstr. 4, 90403 Nürnberg, T. 0911/241477

Sport Thieme
(u. a. Lieferant für psychomotorisches Übungsgerät)
38368 Grasleben, T. 05357/18180

Verband der Beschäftigungs- und Arbeitstherapeuten e.V.
Postfach 2208, 76307 Karlsbad-Ittersbach, T. 07248/6328